ATLAS CULTURAL
DE MÉXICO

ARTESANÍAS

ATLAS CULTURAL DE MÉXICO

ARTESANÍAS

Amanda Tarazona Zermeño
Wanda Tommasi de Magrelli

SECRETARÍA DE EDUCACIÓN PÚBLICA
INSTITUTO NACIONAL DE ANTROPOLOGÍA E HISTORIA
GRUPO EDITORIAL PLANETA

Dr. Enrique Florescano
Coordinación General

Jaime Bali Wuest, Arturo Soberón Mora
Coordinación Técnica-Editorial

Salvador Guil'liem Arroyo, Jorge González, Norberto González, Alejandro Mass, Arturo Oliveros, Fernando Sánchez Martínez.
Fotografía

Casa Aripo, Oaxaca, Oax., Casa de las Artesanías de Campeche, Camp., Casa de las Artesanías de Guadalajara, Jal., Casa de las Artesanías de Mérida, Yuc., Casa de las Artesanías de Morelia, Mich., Casa de las Artesanías Mexiquenses, Méx., Centro Regional Morelos, INAH, Samborn's Hermanos
Colaboraciones Especiales

COLECCIÓN ATLAS CULTURAL

Coedición: Dirección General de Publicaciones y Medios e Instituto Nacional de Antropología e Historia de la Secretaría de Educación Pública y Grupo Editorial Planeta

Primera edición: mayo de 1987

ISBN 968-406-038-6 (de la colección)
ISBN 968-406-075-0 (del volumen)

Printed in Mexico — Impreso en México

Introducción

Entendida como expresión cultural y artística, la artesanía es una actividad sujeta al inevitable proceso de cambio derivado de la acelerada industrialización mundial. Este fenómeno llevó a las pequeñas empresas familiares, que a través de los siglos habían fabricado los productos necesarios para el desenvolvimiento de su vida cotidiana, a aceptar transformaciones sustanciales en su modo de operar. Asimismo, las exigencias surgidas de una nueva sociedad propiciaron el uso de artículos industriales más baratos, y generalmente más funcionales que sustituyeron —y lo siguen haciendo— a los productos hechos a mano. Los jóvenes, por otra parte, tienden a romper con la tradición familiar y buscan otras ocupaciones mejor remuneradas y más acordes con el ritmo de la vida moderna, la innovación, entonces, es inevitable. No hay que olvidar que el trabajo artesanal está hecho con infinita paciencia e inagotable amor, pero es mal retribuido.

Por todas estas y otras razones, en la actualidad la mayoría de los productos artesanales están transformándose en objetos escogidos y altamente calificados por su valor estético más que por su utilidad práctica.

Este fenómeno es irreversible universalmente y México no se sustrae a él. Conscientes de ello hemos creído útil dar a conocer la enorme riqueza artesanal que todavía existe en nuestro país.

El propósito de este libro —ambicioso, por cierto— es describir, de la manera más completa posible, el acervo cultural que el país tiene en esta materia con el fin de despertar el máximo interés hacia lo que podría llamarse nuestra artesanía, así como recordar que, junto con su valor cultural y artístico, representan una importante fuente de ingresos, sobre todo a nivel local. No sólo hay pueblos que viven gracias a su producción artesanal —por ejemplo Olinalá. Gro., o Santa Clara del Cobre, Mich.—, sino que un enorme número de personas, tanto en el medio rural como en las ciudades, complementan sus entradas con esta actividad. Confiamos en que una mejor comprensión del significado cultural y estético de nuestra artesanía, contribuya a difundirla más y, por qué no decirlo, de mejor manera.

Las extraordinarias creaciones que México posee son producto de su pasado histórico. Cuando los grupos nómadas se volvieron sedentarios, a raíz del descubrimiento de la agricultura, comenzaron a surgir los artesanos especializados, quienes se dedicaban a fabricar artículos indispensables para la vida de la comunidad, esto sucedió hace aproximadamente 3000 años. Al aumentar el bienestar económico, la sociedad se volvió más compleja y se estableció una clara estratificación social, lo que hizo aumentar la variedad de productos y mejorar su calidad. Así, junto con los enseres de uso diario, comenzaron a elaborarse objetos suntuarios para las complicadas ceremonias y testimonios de diferentes estatus sociales.

A lo largo de miles de generaciones los artesanos contemporáneos han conservado el arte y el buen gusto de los creadores de antaño.

Pero el artesano mexicano lleva en sí la herencia prehispánica y en cada momento ha sabido adecuarse a la época que le tocó vivir. Durante la colonia, asimiló técnicas y modelos europeos adaptándolos a su particular idiosincrasia. Por ejemplo, el alfarero comenzó a usar el torno para facilitar su trabajo, también enriqueció las decoraciones tradicionales con elementos importados; las mujeres siguieron confeccionando sus trajes en forma de huipil y quechquemitl, pero a los tejidos tradicionales añadieron las nuevas telas y los encajes traídos del viejo mundo.

El impacto de una cultura tan diferente propició el surgimiento de nuevas artesanías y el desarrollo de otras. La fabricación de muebles o los trabajos de vidrio son evidentemente creaciones nacidas con la colonia, a la vez que la orfebrería, que ya se trabajaba en la época prehispánica, recibió un extraordinario impulso con el auge de la minería.

El mestizaje en las artesanías se fue acentuando cada vez más al incorporarles rasgos asiáticos, fundamentalmente de Filipinas que, como se recordará, también formaba parte de la corona española. Este proceso continúa hasta nuestros días. Los antiguos alfareros de Temascalcingo o de Tlaquepaque, por ejemplo, usan hornos de alta temperatura para cocer su cerámica y las indígenas mazahuas fabrican tapetes anudados al estilo persa.

Sin embargo, pese a esta mezcla de influencias, en la mayoría de los casos es posible rastrear el origen de cada producto, ya que las artesanías son la manifestación cultural de un específico grupo indígena. En el códice prehispánico conocido como la *Matrícula de tributos* está registrado lo que cada pueblo conquistado entregaba a los aztecas, y así es fácil identificar los lugares donde se producían mantas, vasijas, canastas y otros objetos, tradición que generalmente se mantiene hasta nuestros días.

La artesanía en México podría dividirse en dos tipos: utilitaria y artística, aunque es difícil establecer una diferenciación muy clara entre ellas. Por un lado, están los objetos que se producen en cientos de sitios y que son usados en forma cotidiana por la población, sobre todo campesina. Se trata de loza sencilla, sombreros de palma, rebozos. Sin embargo, este tipo de artesanía es la que más sufre el embate del modernismo, es triste comprobar que las ollas, los jarritos y las cazuelas de barro están siendo rápidamente remplazadas por enseres de peltre o de plástico y que la palma y el algodón son sustituidos por las fibras artificiales.

Con el nombre de artesanía artística queremos abarcar todo tipo de manufacturas, desde alfarería hasta tejidos, desde joyería hasta juguetes, desde muebles hasta machetes, o sea, todos aquellos objetos que nuestros artífices fabrican imprimiéndole un sello de originalidad, inspirado en su personal concepto estético.

Esta es la artesanía más atractiva que, en términos prácticos, tiene un gran potencial económico; es la artesanía que tenemos que mantener viva y genuina. Esto no significa que rechacemos la introducción de nuevas técnicas y modelos —precisamente en los últimos años han surgido productos que unen técnicas modernas con la ancestral habilidad de los artesanos, lo cual da por resultado creaciones de alto valor artístico—, pero estamos en contra de que ciertos intereses contaminen el natural buen gusto del artesano mexicano en provecho de rápidas ganancias.

La mayor cantidad de artesanías se producen en el centro y sur de la república, o sea en el área donde floreció la alta civilización mesoamericana y que posteriormente fue la zona más importante de la Nueva España.

En los estados del norte la producción artesanal es muy limitada, al igual que fue exigua en tiempos antiguos: los grupos nómadas que habitaban esta parte del país, hostigados por el medio ambiente, nunca tuvieron la estabilidad ni los medios necesarios para crear una fuerte tradición artesanal. Además, muchas tradiciones se perdieron durante la colonización, que diezmó la población indígena de la zona. Empero, aunque actualmente el norte ha entrado de lleno en un dinámico modernismo que deja poco tiempo para la paciente obra artesanal, sus creaciones presentan un lote de productos atractivos e interesantes, ya que muestran un trasfondo cultural diferente del mesoamericano, pero que forma parte integral del México de hoy.

En este libro, tomando en cuenta las consideraciones anteriores, se ha seguido aproximadamente la misma división cultural: las entidades que conformaban mesoamérica se han tratado en forma individual, en tanto que los estados norteños se han englobado bajo un solo título. Nos hemos apartado del esquema original en el caso de Guanajuato, que aunque no formaba parte de mesoamérica es hoy un gran productor y, por tanto, se ha considerado individualmente; por lo contrario, Colima y Nayarit, que formaban parte del occidente de mesoamérica, debido a lo escaso de su muestrario, han sido incluidos en el norte.

Esta introducción sería incompleta si no dedicamos unas palabras para agradecer profundamente a Cristina Antúnez Moreno, por revisar y sugerir una presentación al texto introductorio de los estados del norte incluidos en este Atlas, así como a todas aquellas personas —en especial a la profesora Margarita Guevara de Sánchez— que nos dieron acceso a sus colecciones particulares de artesanías. Por último, nuestro reconocimiento más sincero al biólogo Fernando Sánchez Martínez por sus recomendaciones y colaboración en la redacción final del texto.

Jalisco

Una serie de factores se conjuntaron en diferentes momentos históricos para dar como resultado la variada producción artesanal orgullo del estado de Jalisco.

En la época prehispánica, la región formaba parte del occidente de México, una área donde los rasgos mesoamericanos se mezclaron con características procedentes de otras culturas lejanas, llegando a producir elementos con individualidades propias.

Aunque desde el punto de vista arqueológico el Occidente ha sido poco trabajado, es suficiente ver las grandes figuras de arcilla o las bellas piezas de cerámica —algunas con incrustaciones de oro—, que se han rescatado y se exhiben en los museos, para poder afirmar que los antiguos jaliscienses fueron grandes artistas. A través de los hallazgos arqueológicos sabemos que además de expertos alfareros, tejían prendas de algodón y de fibras vegetales, hacían cestería, curtían pieles, eran hábiles en los trabajos de lapidaria y conocían la metalurgia.

Estas artes fueron heredadas por sus descendientes que en la época colonial supieron aprovecharlas y transformarlas mejorando las técnicas y produciendo nuevos artículos.

Por otra parte, el enorme flujo de artesanos que llegaron durante la colonia trayendo al nuevo mundo su bagaje de conocimientos de las manufacturas y los gustos europeos, produjo el desarrollo de otras artesanías como el vidriado del barro, la talabartería, la fabricación del vidrio, la mueblería, la herrería, y otras más, que encontraron un terreno propicio en la habilidad indígena y en la necesidad de la sociedad neohispánica.

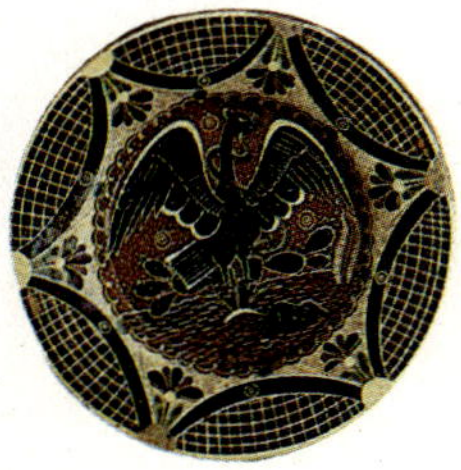

Los gatos estilizados, hechos de barro bruñido y decorados al pincel, son especialmente preferidos por los alfareros de Tonalá (arriba)

También de barro bruñido es este espléndido tibor de Tonalá (abajo)

Alfarería

Jalisco es uno de los estados más ricos en alfarería, actividad que se remonta a la época prehispánica. El volumen de su producción es muy grande y variado; aquí sólo describiremos su cerámica más interesante y exclusiva.

En la mayor parte de las poblaciones se elabora loza utilitaria vidriada, pero algunos pueblos han hecho de la alfarería un verdadero arte altamente apreciado tanto a nivel nacional como internacional. Uno de ellos es Tonalá, donde incluso hay un interesantísimo museo de cerámica con piezas elaboradas desde épocas prehispánicas hasta nuestros días.

En la producción de Tonalá destaca el barro de bandera de color rojo vivo, fuertemente bruñido —en época antigua se pulía con grasa de guajolote— y con decoración de flores blancas trazadas con pinceles de pelo de perro: botellones, platones, floreros, pies de lámpara, jarras, piezas todas de muy buen gusto.

También muy artística y con una enorme variedad de artículos, entre los que se incluyen platones, candeleros, grandes y bellísimas tinas, chimeneas, figuras de animales y muchos obje-

La fantasía del artesano Amado Galván, crea graciosas escenas de animales sobre un tibor de barro bruñido, cuya forma es claramente de origen oriental. Tonalá (izquierda)

En la constante búsqueda de nuevas expresiones, el artista ha transformado un cántaro prehispánico en una moderna pieza. Tonalá (derecha)

Barro bruñido de Tonalá (abajo)

Cerámica de alta temperatura diseñada por Jorge Wilmot. Tonalá (izquierda)

Bolsa moderna en forma de morral, con boquilla y correa de piel. Guadalajara (derecha)

tos más, es su alfarería de barro bruñido color gris claro con decoración en negro, café rojizo y azul oscuro.

Está además el petatillo, que debe su nombre a la compleja decoración formada por líneas finísimas color crema que recubren la pieza y sobre la cual están pintados los motivos ornamentales. Hay vajillas, jarras, platones, ollas con tapas y son típicos los grandes cántaros esféricos decorados con el águila del escudo nacional.

Otra alfarería muy especial es la de barro negro —color que se obtiene sellando completamente el horno de manera que el humo empape la arcilla—, muy bruñido y esgrafiado con diseños geométricos; se hacen platones, floreros, botellones, pies de lámpara, animales, etcétera.

En Tonalá fue donde se instalaron los primeros alfares de alta temperatura; entre su vasta producción sobresale una cerámica muy artística y original de fondo gris, con decoración en azul cobalto, café rojizo y amarillo. Todas las piezas, sean platones, floreros o mosaicos, llevan incorporado al diseño un gato o un búho con cara humana, de grandes ojos y bigotes, que no es más que el retrato estilizado del autor.

El Rosario, cercano a Tonalá, se ha hecho famoso por el barro de olor o barro canelo —llamado así porque da un óptimo sabor al agua—, de color bayo con decoración en guinda y canela. Los productos más usuales son los botellones para agua, los botellones zoomorfos, jarras, platones y alcancías con cara de mujer.

Tlaquepaque es otro de los mayores centros alfareros del estado, con una extensa producción de vajillas, ceniceros, palomas, esculturas de barro, tibores de reminiscencia oriental decorados con grandes dragones, macetones policromos, miniaturas y nacimientos de alta calidad artística. También en este lugar existe un museo de cerámica.

En Santa Cruz de las Huertas se elaboran arcas de Noé, leones, iglesias y muchos juguetes. De Tepatitlán son unas vasijas de barro vidriado color café oscuro, llamadas piñas —diferentes de las piñas de Michoacán—, que sirven para guardar el pulque y en la misma población se hacen tubos de barro poroso que sirven para el desagüe de la lluvia y que en un extremo llevan un silbato en forma de pajarito.

Finalmente, en Chapala se elaboran copias de piezas prehispánicas de las culturas de occidente, de muy buena calidad.

Textiles

Guadalajara y Tlaquepaque tienen un amplio surtido de vestidos, faldas, blusas, camisas y mantelería de algodón bordada o deshilada. En tanto que en Jocotepec son notables los bellísimos sarapes de lana, con diseños tradicionales o modernos.

Además Jalisco, al igual que otros estados donde habitan los huicholes, se enriquece con las coloridas prendas y adornos que estos indígenas confeccionan.

Joyería

Existe una gran producción de moderna joyería de oro en Guadalajara.

Metal

El trabajo de metalistería es abundante y de alta calidad artística. En hojalata sobresalen las bellísimas cruces repujadas o pintadas que sirven para veladoras, así como los candeleros, marcos, ceniceros, cajas y faroles. Muy original es el trabajo de hojalata cortada en tiras con las cuales se hacen preciosas figuras de animales y aves, en especial búhos.

El surtido de objetos de latón también es muy amplio, comprende desde biombos, cabeceras y arcones hasta animales muy grandes, aves zancudas, leones, jirafas y elefantes, pasando por artículos más pequeños como cajitas, angelitos, jarras, charolas y candiles.

Bello cuadro hecho de estambres de colores, conocido como «tabla huichol». Museo Regional de Guadalajara

Original creación de Jorge Wilmot. Tonalá (abajo izquierda)

Espléndida máscara ceremonial de madera recubierta con chaquira hecha por los indios huicholes. Comunidad de Bolaños (abajo derecha)

La hojalata repujada se presta para hacer obras de arte como este cuadro de 2 m de alto, diseñado por Jorge Wilmot, que se encuentra en el Museo Regional de Guadalajara (arriba izquierda)

Con tiras de hojalata cortadas y latón se crean figuras de animales. Tonalá (abajo izquierda)

Candelabro de hierro forjado, copia de una pieza colonial. Tlaquepaque (arriba derecha)

Un ejemplo del trabajo de hojalatería muestra este espejo procedente de Tlaquepaque (abajo derecha)

En cuanto a sus faroles de hierro forjado, son los más bonitos de la república y presentan una gran variedad de modelos. Se forjan también herrajes para puertas y muebles y sobresalen por su buen gusto las lámparas con vidrio, los candiles y los candeleros.

La madera veteada también se aprovecha para fabricar muebles modernos. Guadalajara

Madera

La artesanía mueblera está muy desarrollada; se aprovecha el cedro, la caoba, la parota, la primavera y el ayacahuite para fabricar finos muebles tanto de tipo francés como moderno o el auténtico español. En Tonalá se tallan y pintan hermosas puertas y banquitos de madera torneada con asiento de ixtle de alegres colores.

En más de 20 pueblos jaliscienses se fabrican equipales, antiguos asientos prehispánicos hechos de madera de mezquite y piel de cochi-

Arcón de madera de naranjo taraceada, de Jalostotitlán

no, producto que tiene un amplio mercado, lo mismo en el país que en el exterior.

Entre los instrumentos musicales que fabrican, destacan los violines y las marimbas de maderas finas, así como los tambores típicos de los huicholes.

Jalostotitlán es famoso por sus muebles y arcones y porque produce un objeto muy exclusivo: el estuche para las navajas que se usan en las peleas de gallos. Estos estuches están taraceados al igual que los dominós y los ajedreces y se elaboran con madera de sabino y de naranjo.

Fibras vegetales

El mejor trabajo es la producción de equipales de vara y carrizo y la manufactura de los típicos sombreros huicholes de palma, adornados con plumas, chaquira y tela. En tule o en palma se hacen unas curiosas figuritas coloradas que representan animalitos y seres humanos.

Piel

De tradición prehispánica es la elaboración de huaraches y sandalias de piel de venado llamados «tehuas»; de origen colonial son las sillas de montar, las botas y demás artículos necesarios para la vida campirana. Actualmente el auge está en la confección de chamarras, trajes, faldas, pantalones, morrales, cinturones, bolsas, portafolios, monederos y velices, tanto de vaqueta como de carnaza y hay una amplia producción de botones de hueso.

Vidrio

El trabajo de vidrio soplado y prensado es una de las más florecientes artesanías de Jalisco. El vidrio soplado se trabaja en verde, amatista, cobalto, aqua, ámbar y rojo. La lista de productos es muy larga comenzando desde las antiguas botellas llamadas lágrimas de boticario, hasta fru-

Conjunto de piezas de significado mágico-religioso que forman la ofrenda huichol. Comunidad de Bolaños (izquierda)

Silla de montar ricamente piteada. Colotlán (derecha)

Papel

El papel maché se trabaja con una habilidad extraordinaria. La producción de Tonalá y Tlaquepaque está considerada como la mejor no sólo del estado, sino de todo el país. Hay figuras de tigres, leones, flamingos, papagayos y otros animales que son verdaderas esculturas de tamaño natural; además de las preciosas cajas, muñecas y hasta muebles forrados de papel maché y decorados al óleo, que son piezas únicas.

Chicle

Talpa de Allende es el único lugar en el país donde se trabaja el chicle —el prehispánico chihtli— para hacer pequeñas esculturas: hermosas vírgenes pintadas en colores y decoradas con diamantina, retablos, canastitas de frutas, flores, miniaturas de construcciones, figuras, escenas pueblerinas, todas de una alegre policromía.

En Guadalajara se siguen haciendo las antiguas botellas llamadas «lágrimas de boticario» (arriba)

De vidrio estirado es este gallo de líneas estilizadas. Tonalá (abajo)

teros, vajillas, copas, floreros, lámparas, centros, candeleros, candiles y figuras de todos tipos. Muy originales son los faroles de vidrio soplado dentro de un armazón de hierro o latón.

Cuando al vidrio soplado transparente se le pone una orilla de color cobalto o ámbar, se le llama posta reventada; entre los recipientes de todas formas y tamaños sobresalen los vasos bajos de fondo muy pesado.

La mejor muestra de prensado es el vidrio color rojo con el cual se hacen vasos, copas, jarras, botellones, vajillas, floreros, candeleros, centros de mesa y figuras de adorno que por su colorido —obtenido mezclando oro a la materia prima— son un verdadero deleite para los ojos.

También se producen vidrios de diversos colores para vitrales.

El vidrio estirado se usa casi exclusivamente para hacer miniaturas.

Lapidaria

Abunda el tallado de cantera, especialmente la de color dorado que se encuentra en la región. Fuentes, figuras, columnas, capiteles, cabezas de caballo, balaustres, están labrados con especial esmero.

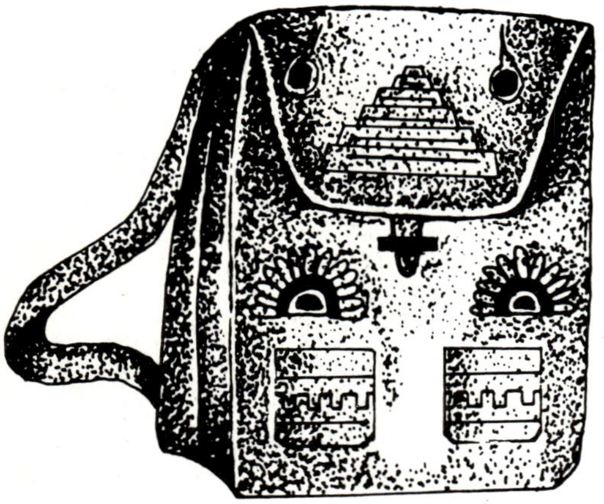

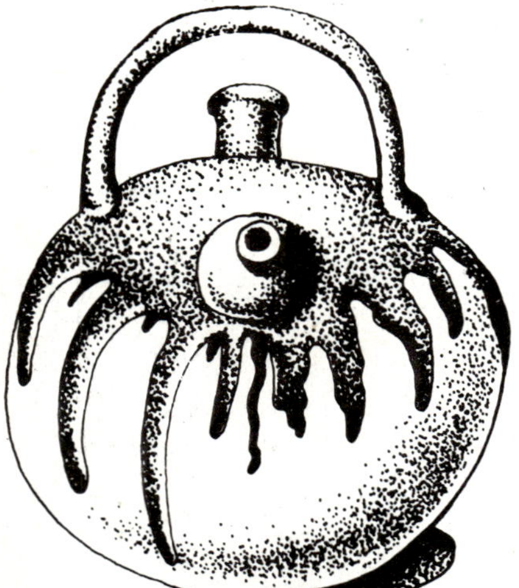

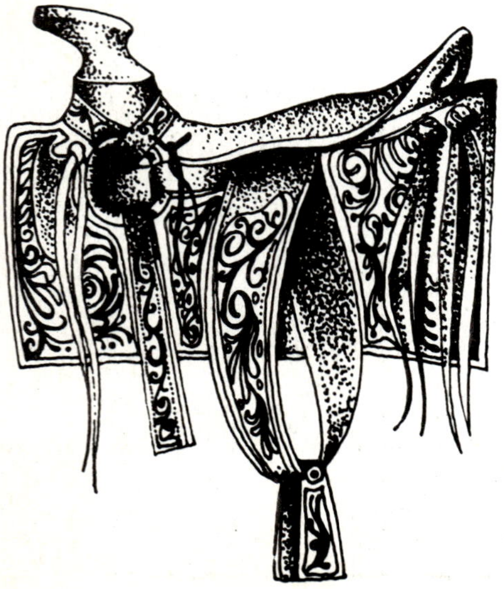

Poblaciones que producen artesanías	
Ajijic	Sarapes de lana en telar de pie, tradicionales y modernos.
Arandas	Sarapes de lana en telar de pie, tradicionales.
Atemajac	Barro utilitario café, vidriado.
Ciudad Guzmán	Equipales.
Colotlán	Sarapes de lana en telar de pie. Talabartería.
Coyula	Barro vidriado utilitario café.
Chapala	Muebles modernos de madera de primavera. Copias prehispánicas de barro.
Degollado	Cantera labrada.
El Rosario	Botellones, platones y juguetes de barro canelo.
Encarnación de Díaz (La Chona)	Manteles, vestidos, blusas y pañuelos deshilados y bordados.
Guadalajara	Vidrio soplado, macramé, vestidos de algodón bordados, abrigos, sacos, bolsos, carteras y monederos de piel. Muebles de caoba, cedro, parota y ayacahuite: estilo europeo y moderno y equipales. Trajes y sacos de gamuza pintados a mano. Banquitos torneados con asiento de ixtle. Huaraches. Tarjetas de tela o papel pintadas a mano. Muebles para jardín, de hierro y alambrón. Joyería moderna de oro.
Guadalupe Ocotlán	Sarapes de lana en telar de pie.
Jalostotitlán	Muebles, arcones, estuches de madera de sabino y naranjo taraceada, para navajas de peleas de gallos.

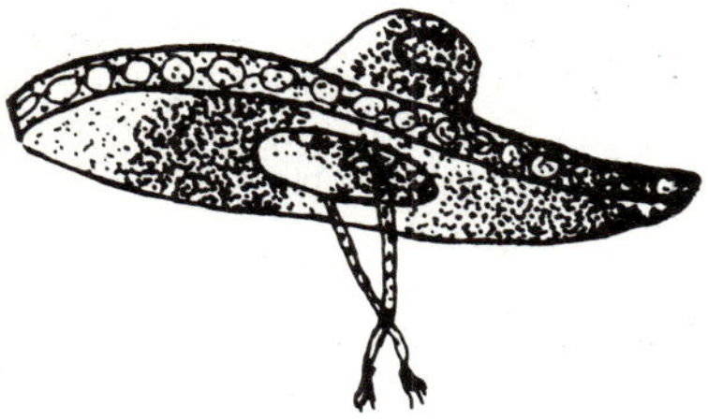

Jocotepec	Sarapes de lana en telar de pie, tradicionales y modernos.
La Barca	Loza vidriada utilitaria en café y verde.
Pihuamo	Equipales con piel de cochino.
Salatitán	Juguetes y silbatos de barro pintados.
San Andrés Cohamiata (zona huichol)	Trajes de algodón bordados, máscaras de madera pintadas o decoradas con chaquira, huaraches, ofrendas con chaquira, collares, anillos, cinturones, aretes, pulseras, sombreros de palma, equipales de madera y carrizo, «ojos de Dios», tablas con estambres, ceñidores y morrales en telar de cintura, «carrilleras» de chaquira o de tela bordadas de lana y algodón, tambores, violines.
San Gaspar	Alfarería utilitaria.
San Juan de Los Lagos	Deshilados, bordados y trabajos de gancho. Vestidos, manteles, blusas, pañuelos y ropa para niños.
San Martín de Las Flores	Alfarería utilitaria.
Santa Ana Acatlán	Figuritas de tule o palma.
Santa Catarina (zona huichol)	Lo mismo que se mencionó en la zona huichol anterior.
Santa Cruz de Las Huertas	Animalitos y juguetes de barro pintados. Arcas de Noé, iglesias y alcancías.
Sayula	Loza de mayólica, cuchillería y equipales.
Talpa de Allende	Figuras de chicle: vírgenes, canastitas con flores, frutos, juguetes y verduras.
Tateposco	Barro bruñido, cántaros y ollas.

Lugares de venta de artesanías

AMECA. Museo Arqueológico Regional de Ameca.
Histórico, casa de la cultura.

CIUDAD GUZMÁN. Museo Arqueológico de las Culturas de Occidente.

Histórico regional, INAH. Calle Dr. Ángel González No. 21.

ENCARNACIÓN DE DÍAZ. Casa de la Cultura.
Artístico, cultural INBA.

GUADALAJARA. Casa de la Cultura.
Centro de Arte Moderno, Galería Municipal, 16 de Septiembre y Constitución.
Museo Regional de Guadalajara.
Histórico regional, INAH. Liceo No. 60, Sector Hidalgo.

LA BARCA. Museo de arte.
Artístico Centro del poblado.

LAGOS DE MORENO. Casa de la Cultura Lagunense.
Artístico o regional, en el poblado.

OCOTLÁN. Museo de Antropología e Historia de Ocotlán.
Histórico o regional Hidalgo No. 1 Centro.

PUERTO VALLARTA. Museo de Coale.
Artístico regional INAH. Paseo Díaz Ordaz No. 824-4.

SAYULA. Museo de Sayula.
Regional, en el poblado.

TLAQUEPAQUE. Museo de Cerámica y Arte Popular.
Artesanías y cultura popular de la región Independencia No. 237.
Galería municipal.
Tlaquepaque, domicilio conocido.

TONALÁ. Museo de la Presidencia Municipal.
Artesanías y arte popular Hidalgo No. 121.

TUXPAN. Museo de Tuxpan.
Artístico, domicilio conocido.

VALLE DE GUADALUPE. Museo Regional.
Artístico, domicilio conocido.

ZAPOPAN. Museo de Arte Huichol-Cora
Artesanías y cultura popular regional Calle E. Briseño No. 52.

Tecolotlán	Talabartería.
Tecomatepec	Barro utilitario bruñido y textiles.
Teocaltiche	Ajedreces y dominós de madera. Botones de hueso. Sarapes de lana en telar de pie. Rebozos de algodón en telar de cintura. Manteles deshilados. Cerrajería de hierro forjado.
Tepatitlán	Vasijas vidriadas en forma de piña, para pulque. Marimbas.
Tequila	Huipiles, morrales y ceñidores en telar de cintura. Artículos utilitarios de madera.
Tlaquepaque	Alfarería. Vidrio soplado. Muebles para jardín, de madera o de hierro. Hojalatería artística. Vestidos bordados. Talabartería. Figuras de animales de latón. Hierro forjado. Papel maché.
Tonalá	Cerámica de alta temperatura. Barro bruñido, de bandera, esgrafiado, canelo y petatillo. Muebles pintados. Madera tallada. Cuadros pintados. Papel maché. Bordados.
Tuxcacuesco	Barro utilitario vidriado.
Tuxpan	Juguetes de barro pintado y textiles.
Zacoalco de Torres	Equipales.
Zapotlanejo	Cantera labrada.

Guanajuato

La bellísima artesanía de Guanajuato es totalmente de origen colonial.

En época prehispánica, el territorio que actualmente conforma el estado era una región marginal subordinada a las fluctuaciones de la frontera mesoamericana, constantemente invadida por grupos nómadas procedentes del norte.

Aunque el sur del estado fue asiento de una de las más tempranas culturas mesoamericanas —que floreció hacia el año 500 a.C. en Chupícuaro, sitio arqueológico hoy cubierto por las aguas de la Presa Solís—, y a pesar de que hay testimonios de que grupos mesoamericanos vivieron en la región hasta después de la caída de Tula (aprox. 1200 d.C.), la preponderancia de los grupos bárbaros, comúnmente conocidos con el nombre génerico de chichimecas, impidió que las artes prehispánicas tuvieran la continuidad que forma el sustrato de las artesanías autóctonas.

Las invasiones chichimecas continuaron aún en los primeros años de la colonia y se intensificaron a raíz del descubrimiento de las ricas minas de plata en la entidad. La necesidad de defenderse de los continuos ataques obligó a los colonizadores a fundar núcleos urbanos y en ese momento comenzó el desarrollo de las manufacturas, que primero sirvieron para cubrir las necesidades cotidianas de los nuevos pobladores y, luego, para satisfacer las demandas suntuarias de una sociedad en pleno auge. Son estos los antecedentes de las artesanías actuales. Hechas por españoles para uso de una sociedad occidentalizada, han conservado a través de los siglos y a pesar de los acontecimientos históricos, su carácter original, que sigue poniendo un sello inconfundible a la producción guanajuatense.

Entre la amplia gama de decoraciones, indudablemente la más original es la representación de escenas populares. Guanajuato (arriba izquierda)

Hermoso tibor con tapa, obra de Gorki González, uno de los alfareros más destacados de Guanajuato (arriba derecha)

Las mayólicas de Gorki González tienen una fuerte influencia española, Guanajuato (abajo)

Alfarería

La región es muy rica en depósitos de arcilla de muy buena calidad, lo que ha propiciado la proliferación de alfares, donde se produce loza vidriada de colores rojizo, bayo, verde y café. Muchas piezas se elaboran para uso utilitario, destacan los barrilitos, los lavaderos y las tinas de gran tamaño.

Hasta las piezas más sencillas llevan decoración pintada o al pastillaje; en Moroleón y en Coroneo, por ejemplo, se hacen platos y platones color café, que llevan realzadas en el fondo figuras de flores, pájaros o leones.

La más interesante producción alfarera es la mayólica. Aunque se originó en Puebla, siguiendo la técnica de la llamada talavera, muy pronto los artistas guanajuatenses modificaron las formas y cambiaron la decoración para crear una producción original. En ella abundan los tibores con tapa, platones y jarras, y sobresalen las cajas rectangulares, con tapa, conocidas como arquetas. En la decoración predominan los

Es una incógnita el origen de las figuras de leones o pavorreales que adornan en relieve los platones de barro vidriado de Moroleón (izquierda)

A manera de porrón son las ollas para el pulque, de barro poroso con chorreado vidriado. Acámbaro (derecha)

colores verde, rojizo y amarillo sobre fondo marfil. Los diseños no se limitan a flores y trazos geométricos, sino que hay escenas populares, así como figuras y retratos de personajes históricos, a veces tratados con sutil ironía: todavía se conserva un plato del siglo XIX que lleva la efigie de Iturbide, y donde en lugar del nombre está la figura de un zorrillo.

En Dolores Hidalgo, otro centro alfarero muy afamado, se mantiene la antigua manufactura de azulejos, que han conservado todo el primitivo sabor mudéjar. Allí mismo hay una amplia producción de vajillas muy solicitadas en el mercado internacional: de fondo claro, con decoración sencilla, café con blanco y negro, con decoración en cobalto, y una más de flores multicolores.

Desde hace poco tiempo se produce en Acámbaro cerámica de alta temperatura. Las vajillas llevan una decoración muy original, formada por una cenefa de lunares azul cobalto. Otros productos muy elaborados son las flores de porcelana que se hacen en la zona llamada Marfil.

En todo el estado hay, además, una gran producción de losetas, tejas y materiales de barro para la construcción.

Textiles

Se confeccionan sarapes, tapetes y cobijas de lana tejidas en telar de pie, tanto de tipo tradicional, con diseño de rombos en negro, café y blanco, entre los cuales destacan por su calidad y belleza los de San Luis de la Paz y los de Coroneo, así como los de estilo modernísimo, que se elaboran en San Miguel Allende. También son muy vistosos los rebozos de lana con hermosas franjas de colores, que se tejen en Apaseo el Alto.

En los pueblos del Valle de Santiago se tejen rebozos de algodón. Los artesanos de San Francisco del Rincón se han especializado en la producción de sombreros de terciopelo bordados con lentejuelas, los cuales son muy apreciados y comprados preferentemente por turistas extranjeros.

La producción más original es la que se elabora en Silao, donde se confeccionan bonitos y útiles sarapes de pelo de burro en colores naturales.

Joyería

Una joyería verdaderamente preciosa es la de tipo antiguo, cuyas piezas se elaboran con oro de tres colores formando un intrincado diseño de hojas, flores y pájaros, engarzados con perlas, turquesas y rubíes; los mismos modelos se trabajan, además, en plata; los anillos, prendedores, aretes y arracadas son hermosas muestras de un arte casi desaparecido. Se elaboran asimismo, alhajas modernas siguiendo los cánones tradicionales.

Los sarapes más típicos llevan dibujo formado por rombos tejidos en colores austeros. San Luis de la Paz. (arriba izquierda)

El telar de pie introducido por los españoles se usa principalmente para tejer sarapes, tapetes y jorongos. San Luis de la Paz (arriba derecha)

Combinando oro de tres colores los orfebres guanajuatenses producen bellísima joyería tradicional. Guanajuato (abajo izquierda)

Prendedor y aretes de plata con turquesas, de diseño claramente europeo. Guanajuato (abajo derecha)

Metal

Aunque curiosamente en Guanajuato no hay artesanía de plata, excepto en joyería, se trabaja mucho la metalistería.

Hay una gran cantidad de objetos de hojalata, latón, bronce, hierro y cobre. Marcos, candeleros, faroles, charolas, angelitos, campanas, ceniceros y muchos artículos más, todos de una alta calidad artística que se pone de manifiesto especialmente en los grandes candeleros de rama de hojalata, los pisapapeles de bronce en forma de lagartija o de rana, los herrajes y chapetones de hierro martillado y las piezas de cobre laminado y pulido.

En León, donde hay una antigua manufactura de cuchillos y machetes, últimamente se han comenzado a producir muebles de metal para jardín.

Madera

Se fabrican aquí sillas de diferentes estilos, con asiento de vaqueta, de pita, de tule o de palma; trasteros y bancos de madera de mezquite; otros muebles y gran variedad de adornos. Entre las artesanías de madera hay algunas particularmente interesantes; las bellísimas esculturas religiosas talladas en madera de aguacate, las imágenes doradas de San Miguel, las puertas entableradas hechas de madera de saúz de San Luis de la Paz, los jugueteros calados elaborados en copalillo, y las famosas pintaderas de Comonfort, únicas en todo el país. Son estas piezas tan exclusivas, que bien vale la pena describirlas: se trata de una tabla circular con mango, hecha de madera muy dura cuyo tallado tenía motivos religiosos y que se usa como molde para hacer tortillas en ocasiones muy especiales. La pintadera se recubre con un colorante y las tortillas salen con la figura en relieve en color rosa o azul para los bautizos, blanco para las bodas, y negro o morado para los velorios.

Preciosa custodia hecha de plomo fundido y calado. Celaya (abajo izquierda)

En San Miguel de Allende se produce una amplia variedad de muebles de mezquite y de sauce (abajo derecha)

Los ebanistas se han especializado en la talla de imágenes religiosas estofadas y policromadas. San Miguel Allende (izquierda)

Las «pintaderas» de madera de mezquite, talladas con motivos religiosos, se usan para hacer tortillas de colores para ocasiones muy especiales. Comonfort (derecha)

Fibras vegetales

Se fabrican todavía ayates y morrales de ixtle y mucha cestería muy bien trabajada, aunque la producción mayor consiste en la realización de sombreros de charro, que se confeccionan con paja de trigo, de mimbre o de palma; la demanda es tanta, que algunos pueblos se dedican de lleno a esta artesanía, como sucede en Tierra Blanca, donde toda la población se dedica a tejer tripilla de palma que después es vendida para la manufactura de sombreros.

Increíbles muestras de paciencia son las curiosas miniaturas con escenas campiranas, bodas, corridas, etc., hechas en cáscaras de nuez, avellana o de piñón.

Piel

Guanajuato es el estado con mayor producción de talabartería. Las sillas de montar bordadas y con aplicaciones de plata repujada, así como todos los aparejos necesarios para la charrería, las botas, los anchos cinturones cincelados, las fundas para machetes y pistolas, son artículos muy tradicionales y de una gran belleza. Igualmente calificados son los géneros modernos trabajados en forma artesanal: bolsas, chamarras, carteras, portafolios, monederos, estuches, velices y una vasta gama de productos que, tanto por la calidad de la piel como por el buen acabado, tienen un enorme mercado.

Lapidaria

Aprovechando la piedra muy dura de la región, se hacen molcajetes y metates. La cantera es labrada con especial esmero y son muy solicitadas las fuentes, los capiteles y los balcones elaborados en la entidad.

También hay tallado de piedras finas, sobre todo amatista, pirita y cuarzo rosa.

Hueso

Se fabrican dominós, plegaderas y los típicos llaveros en forma de jorobado.

Papel

En todo México está arraigada la costumbre de fabricar figuras de cartón engomado, pintadas en colores vistosos, llamadas judas, que se usan en los desfiles de carnaval y en otras fiestas. En

Bellos muebles de mezquite y sauce realizados por los artesanos de San Miguel de Allende

Antigua silla de montar para mujer. Guanajuato (abajo izquierda)

La mayor parte del cuero se usa para artículos útiles en el medio campirano. Silla de montar de León (abajo derecha)

Las grandes figuras grotescas y los judas que se modelan en papel y cartón, son los más característicos de toda la república. Celaya (arriba)

El arte de la cerería alcanzó su máximo esplendor con la creación de estos bellísimos nacimientos. Salamanca (centro)

Con madera de copalillo se hacen muebles en miniatura y gran variedad de juguetes. Celaya (abajo)

Guanajuato esta artesanía alcanza su mejor expresión: junto a las máscaras, los muñecos y los animales, están los judas más grandes de toda la república, expresando el sutil humorismo de los artífices mexicanos.

Hay una buena producción de piñatas y de papel picado, elaborado éste con suma habilidad; la misma destreza se aplica a la manufactura de objetos de papel maché, una artesanía de reciente creación.

Cerería

Desde tiempos de la Colonia, Guanajuato se hizo famoso por los Nacimientos con figuras de cera, que además de ser pequeñas esculturas, son invaluable testimonio de las modas y costumbres de épocas pasadas. Desafortunadamente cada vez es más difícil encontrar todos los personajes y animalitos de cera que conforman el nacimiento; empero, como en Salamanca y en la capital del estado todavía abunda la producción de velas, es de esperarse que los cereros vuelvan a elaborar los Nacimientos que tanta fama dieron a la entidad.

Juguetes y miniaturas

Los artesanos mexicanos han demostrado desde la época prehispánica una especial predilección por la elaboración de juguetes y miniaturas. En Guanajuato casi no hay un lugar donde deje de fabricarse algún tipo de juguetes. Son particularmente bonitas cazuelas, platitos, jarritos de barro vidriado de alegres colores, conocidos con el nombre de juguetes de arroz, algunos de los cuales miden menos de un centímetro de altura. Las temblorosas son figuras de brujas, tarántulas y otros animales con cuerpo de barro o de madera y los miembros de alambre enrollado. Se hacen también soldaditos de plomo, juguetes de cartón, minúsculos muebles de madera de copalillo bellamente calados, así como títeres articulados. Notable ejemplo de paciencia y sentido artístico son las miniaturas en cáscara de avellana o de nuez con escenas campiranas, bodas, corridas de toros, etcétera.

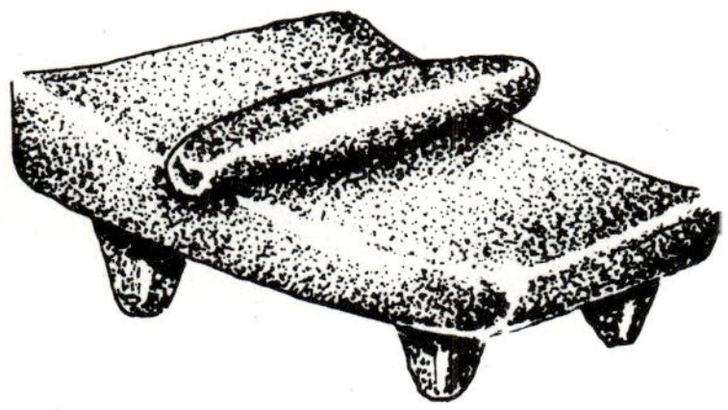

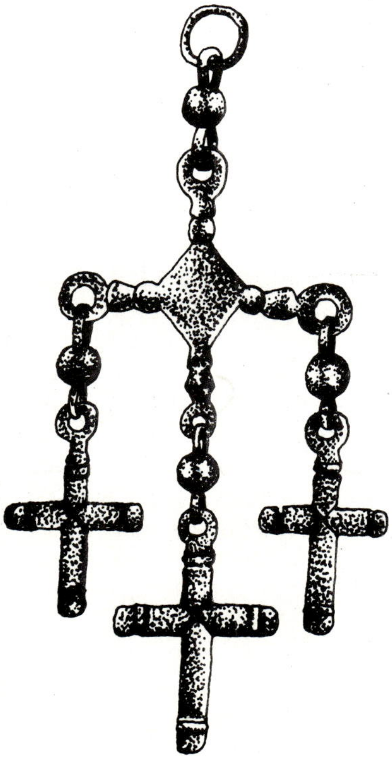

Poblaciones que producen artesanías	
Acámbaro	Vajillas de alta temperatura. Lebrillos, cántaros y jarros de barro. Cestería de vara.
Apaseo El Alto	Sarapes, cobijas, rebozos y tapetes de lana en telar de pie. Madera tallada, puertas y pintaderas.
Atotonilco	Ayates de ixtle. Coronas de carrizo.
Celaya	Juguetes y máscaras de cartón. Nacimientos y figuras de cera. Juguetes de barro, plomo, trapo, madera y alambre. Judas. Talabartería.
C. Manuel Doblado	Sombreros de charro, de palma.
Comonfort	Pintaderas y muebles de madera tallados; metates.
Coroneo	Alfarería con decoración realzada; cobijas de lana.
Dolores Hidalgo	Vajillas de mayólica y cerámica, azulejos. Trasteros de madera y banquitos.
Ejutla	Talabartería.
Guanajuato	Objetos de mayólica, vajillas y flores de porcelana, vajillas de barro vidriado, miniaturas de barro, lámparas de cerámica. Molcajetes y metates de piedra. Muñecos y judas de cartón. Hojalatería artística. Joyería de oro, tipo español. Imágenes religiosas de madera. Plegaderas, llaveros, dominós de hueso. Cáscaras de nueces, avellanas y piñones con miniaturas en su interior. Juguetes.
Irapuato	Juguetes de madera. Jaulas y cestas de carrizo.
Juventino Rosas	Juguetes, máscaras y judas de cartón.

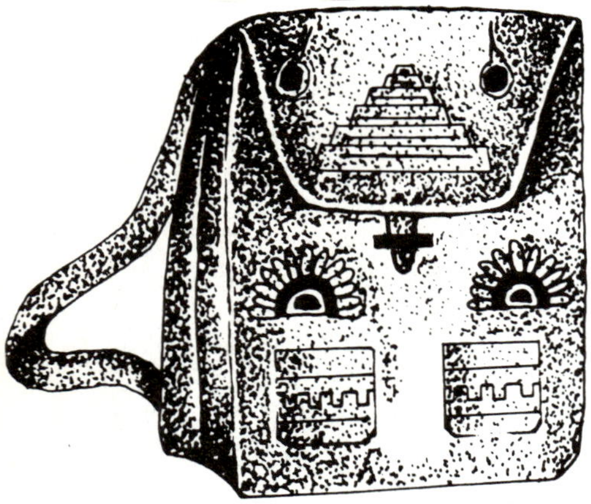

La Purísima	Máscaras e imágenes religiosas.
León	Sillas de montar, arreos para charrería. Cuchillos y machetes, asientos de baqueta.
Marfil	Cerámica vidriada. Flores de porcelana.
Moroleón	Loza utilitaria. de barro vidriado Sarapes y rebozos de lana en telar de pie y de cintura.
Ocampo	Sarapes de lana en telar de pie.
Pénjamo	Cestería de carrizo.
Purísima del Rincón	Sombreros de charro.
Rancho de Flores	Platos de barro vidriado, con flores. Cerámica.
Salamanca	Campanas, pisapapeles y ceniceros de bronce y latón. Figuras de cera.
San Agustín	Cántaros y ollas de barro.
San Diego de la Unión	Sarapes, cobijas y rebozos de lana en telar de pie. Macetas y macetones de barro.
San Felipe	Tinas de barro rojo vidriado con decoración en amarillo, ocre y café oscuro.
San Felipe Torresmochas	Cerámica vidriada. Loza de barro vidriado, decorada al pastillaje.
San Francisco del Rincón	Sombreros de charro de paja o de trigo; sombreros de ala corta de mimbre y sombreros de charro de terciopelo, bordados con lentejuelas.
San José de los Herreros	Cerraduras, herrajes, chapetones y chapas en forma de violines y otras.
San Luis de la Paz	Sarapes de lana en telar de pie. Barro vidriado: tinajas muy gran-

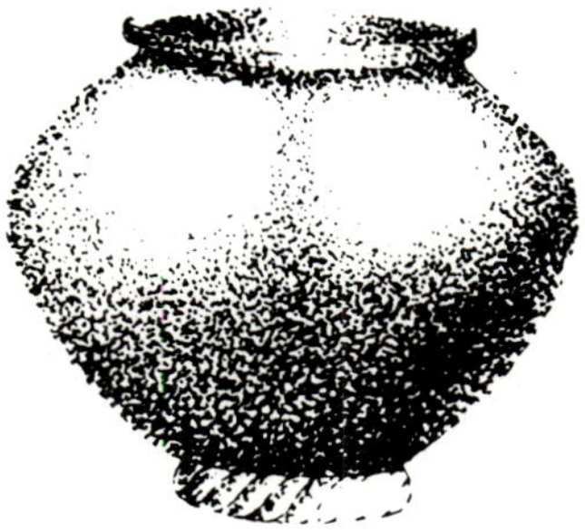

Lugares de venta de artesanías

DOLORES. Museo o Casa de Hidalgo. Histórico, regional, INAH. Calle Morelos No. 1.

GUANAJUATO. Museo Casa Diego Rivera.
Artístico. INBA y del Gobierno del estado Calle Pocitos No. 49.
Museo del Pueblo de Guanajuato
Artístico. Gobierno del estado Pocitos No. 7.
Museo Regional de Guanajuato «Alhóndiga de Granaditas».
Artístico, regional, INAH, gobierno del estado.

VALLE DE SANTIAGO. Museo Local de Valle de Santiago.
Artístico, Venustiano Carranza No. 27, INAH.

YURIRIA. Museo Ex-Convento Agustino de San Pablo.
Artístico, histórico, local. INAH. Plazuela de M. Hidalgo.

	des, lebrillos porosos rojos. Gran variedad de artículos de madera de sauce
San Miguel de Allende	Sarapes, alfombras y tapetes de lana en telar de pie. Hojalatería y latón artístico. Cantera labrada. Muebles de madera. Marcos de madera, latón y hojalata. Judas y calaveras de cartón; papel maché. Tallas en madera de aguacate: cristos, vírgenes y otras figuras. Morrales de ixtle. Barro vidriado y piñatas.
Silao	Barriles, lebrillos y lavaderos de barro sin vidriar. Juguetes de madera de copalillo. Loza utilitaria de barro, vidriada. Juguetes de plomo. Sarapes de lana y pelo de burro en telar de pie. Muebles de metal para jardín.
Tierra Blanca	Sombreros de charro, de palma.
Uriangato	Rebozos de algodón.
Valle de Santiago	Rebozos de algodón.

Querétaro

Llama la atención el hecho de que Querétaro, rodeado por estados muy ricos en artesanías, sea una entidad con producción artesanal muy limitada.

El territorio formaba parte de mesoamérica hasta que, después de la caída de Tula, hacia 1200 d.C., fue ocupado por grupos nómadas procedentes del norte. Quizás el proceso de decadencia de las artesanías tradicionales se remonta a esta época; actualmente casi han desaparecido.

Tampoco hay huellas importantes de los oficios propios del periodo colonial —si se exceptúa el tallado de las piedras finas—, aunque las bellas ciudades construidas en esa época de la historia de México demuestran que existió un fuerte núcleo de artesanos que producían los artículos necesarios para los pobladores españoles. Sin embargo, parece que estos artífices no supieron crear una tradición.

Actualmente el estado está sufriendo una profunda modificación y la economía, agropecuaria, se está transformando en industrial, lo que deja poco margen a la creatividad artesanal.

Alfarería

La producción es escasa. Se limita a piezas sencillas de uso doméstico, hechas de barro poroso o de loza vidriada.

Textiles

La mejor artesanía del estado está representada por los textiles de lana, cuyas prendas más antiguas son ceñidores, morrales, enredos y quechquemitl, tejidos en telar de cintura. En telar de pie sobresale la habilidad de los artesanos para confeccionar gabanes, cobijas, tapetes y colchas, con diseños tradicionales. Actualmente se elaboran, en Tequisquiapan y en los pueblos de los alrededores, originales colchas de lana, de anchas bandas blancas y grises combinadas con un color vivo: azul, rosa mexicano, rojo, etcétera.

Joyería

Las piedras preciosas y semipreciosas que se extraen de las ricas minas de la región se engastan en modernas montaduras realizadas en oro y plata.

Morral de lana e ixtle tejido en telar de cintura. Puerta del Salitre (arriba)

Morral de ixtle, tejido en telar de cintura por los otomíes de Peña Miller (abajo)

Cruz antigua de madera pintada, hecha por los indígenas otomíes de Tolimán (arriba izquierda)

La artesanía más fina del estado es la talla de piedras semipreciosas (arriba derecha)

En San Juan del Río se trabaja la cestería utilitaria.

Madera

Se fabrican muebles tipo colonial y de madera tallada, bancos de mezquite y juguetes.

Fibras vegetales

Las fibras más comunes son el ixtle, la palma, el mimbre y la vara, con las cuales se fabrica todo tipo de cestería y otros objetos utilitarios y de adorno. Son típicas las cunas y las grandes canastas cuadradas sostenidas por cuatro patas, así como los morrales de ixtle entretejidos con estambres de colores.

Piel

En Cadereyta se confeccionan chamarras, sacos y abrigos de piel de excelente calidad.

Lapidaria

El Tallado de la cantera rosa es una especialidad de los artesanos del estado quienes fabrican fuentes, columnas, balconería, macetones y recubrimientos para fachadas.

De fama internacional es el fino tallado de las piedras semipreciosas: topacios, amatistas, turquesas, ojo de tigre, lapislázuli, ágatas y muchas variedades más, otras procedentes de las minas locales. Los ópalos llamados «de fuego» están considerados como los más bellos del mundo.

También muy apreciado es el trabajo de tallado de piezas en forma de aves que se completan con patas, alas y pico de oro o de plata: hay pájaros de topacio o de amatista de más de 15 cm de alto que son verdaderas esculturas.

Además de las piedras naturales se producen piedras sintéticas de buena calidad.

Lugares de venta de artesanías

QUERÉTARO. Casa de la Cultura. Calle Constituyentes y Luis M. Vega.

Museo Regional de Querétaro. Histórico regional INAH, en el Ex-Convento de S. Francisco, Calle Corregidora Sur No. 3.

Poblaciones que producen artesanías

Bernal	Sarapes, cobijas, gabanes de lana peinada en telar de pie.
Cadereyta	Talabartería, sacos, chamarras y abrigos.
Colón	Sarapes y cobijas de lana de telar de pie
Huichapan	Sarapes, cobijas, gabanes de lana en telar de pie. Morrales de algodón e ixtle, en telar de cintura.
La Cañada	Muebles de madera tallada.
Magdalena	Lapidaria, piedras semipreciosas.
Puerta del Salitre	Sarapes, cobijas y gabanes de lana en telar de pie. Morrales y ceñidores de lana e ixtle, en telar de cintura.
Querétaro	Alfarería y cerámica. Sarapes de lana en telar de pie. Joyería de oro y plata. Piedras semipreciosas. Talabartería y juguetes de madera.
San Joaquín	Sarapes, cobijas y gabanes de lana en telar de pie.
San Juan del Río	Sarapes de lana en telar de pie. Piedras semipreciosas. Muebles típicos de madera. Cestería de vara y mimbre.
Tequisquiapan	Sarapes, cobijas y gabanes de lana en telar de pie. Muebles típicos de madera. Cestería de vara, mimbre y palma.
Tolimán	Enredos, quechquemitl y morrales de lana en telar de cintura. Sarapes, cobijas, gabanes y tapetes de lana, en telar de pie.

Michoacán

De los territorios que formaban el occidente de mesoamérica, es Michoacán el que ha conservado la mejor y más variada artesanía de raíces prehispánicas, aumentada y enriquecida con aportaciones coloniales.

En los siglos anteriores a la conquista, la región estuvo dominada por los tarascos, un grupo indígena bastante enigmático, ya que su idioma está lejanamente emparentado con lenguas de indios norteamericanos y de América del Sur.

Los tarascos eran muy hábiles artesanos y su cerámica arqueológica es bellísima, con gran variedad de formas, algunas de rasgos muy similares a piezas peruanas. Se cree que fueron los primeros mesoamericanos en trabajar la metalurgia, y eran, desde luego, los que tenían mayores conocimientos al respecto. No sólo trabajaban los metales puros, sino que conocían las aleaciones y, a la par que elaboraban hermosas alhajas, fabricaban utensilios y armas, y crearon unas pequeñas piezas de cobre que circulaban como moneda.

Los tarascos, quienes nunca pudieron ser subyugados por los aztecas, aceptaron pacíficamente la ocupación española. Más tarde, debido a los abusos de algunos encomenderos y el mal trato de Nuño de Guzmán y sus huestes, se rebelaron y fue necesario reiniciar la conquista. La renovada tranquilidad fue obtenida por Vasco de Quiroga, primer obispo de Michoacán. Entre tantas obras encomiables del gran *Tata* Vasco, es particularmente importante la creación de numerosos talleres donde los aborígenes aprendieron nuevas técnicas para aplicar a sus productos ancestrales, al tiempo que se instruían en la fabricación de artículos europeos.

Este conjunto de factores, unido a la fértil creatividad de los artesanos, hace de las artesanías michoacanas una inagotable fuente de sorpresas.

Alfarería

La mayoría de las piezas son de loza vidriada, pero no faltan productos de claro origen prehispánico, como las ollas y los botellones de barro rojo muy bruñido, las pipas, las vasijas de cabeza de zorro y unos preciosos cántaros también rojos, mitad porosos y mitad bruñidos, que llevan una delicada decoración al pincel en blanco, azul o negro.

Hay loza vidriada en color marfil, rojo, café, negro y verde, con la que se elaboran desde figuras de Cristo y máscaras ceremoniales, hasta cajetes, cazuelas, jarras, ollas, cántaros, poncheras, vajillas y muchos objetos más, tanto utilitarios como de adorno.

Tzintzuntzan es el centro alfarero que ofrece la mayor variedad de artículos. Entre otros, destacan dos vajillas muy características: una es de color marfil con ingenuos diseños trazados en líneas café, que representan hombres y mujeres con sus trajes de diario cargando pescados, lanchas y redes en escenas inspiradas en la vida sencilla de un pueblo ribereño. La otra vajilla es café oscuro muy brillante y la decoración en verde es mucho más refinada, con pescados y aves intercaladas con plantas acuáticas.

Patamban, que rivaliza con Tzintzuntzan en la elaboración de alfarerías, cuenta entre su producción con la cerámica más delgada del país, conocida como cascarón de huevo por su delicadeza y finura; se fabrican ollas, jarritos y poncheras muy exclusivas.

En San José de Gracia se crearon las famosas piñas, unas vasijas redondas con tapa vidriadas en color verde oscuro recubiertas am-

Hermosa olla de barro. Tzintzuntzan (abajo izquierda)

Típica loza vidriada de Capula (arriba derecha)

Vajilla color marfil con diseños de peces. Tzintzuntzan (abajo derecha)

Loza vidriada, llamada «cascarón de huevo» por ser sumamente delgada. Patamban (arriba derecha)

Las bellísimas piñas de barro vidriado verde son originarias de San José de Gracia (centro)

Un ejemplo de vajilla de Capula (abajo)

bas con cientos de hojas o picos, las que por su belleza y gran demanda han sido imitadas en varios lugares.

En Capula se hace una vajilla sumamente apreciada por la óptima calidad de la loza y la elegancia de los diseños: el fondo es café claro con cenefas muy finas en verde grisáceo, crema y negro, y los platos tienen en el centro un pez pintado en los mismos colores. Desde épocas antiguas se fabrican en Capula cazuelas color café de uso cotidiano, actualmente los artesanos han comenzado a decorarlas con cientos de florecillas color crema y por su belleza se están convirtiendo rápidamente en piezas ornamentales.

Santa Fe de la Laguna se ha especializado en el vidriado negro, el cual se aplica a ollas, jarras, poncheras, etc., pero sobre todo a candeleros y copaleros, que se usan en los altares de muertos y en los cementerios de todo el país.

Por último, en todo el estado se fabrican cantidad de miniaturas y juguetes entre los que sobresalen las figuras grotescas de diablos o animales de muchas cabezas que crean los artesanos de Ocumicho.

Textiles

La manufactura de textiles es muy abundante y variada, igual se hacen prendas indígenas tejidas a mano que se confecciona ropa con telas comerciales y adornos modernos.

Entre los numerosos artículos de lana son inconfundibles los sarapes de Zitácuaro, con su decoración formada por estrellas y alegres gallos rojos.

Asimismo, es muy original el enredo que usan las indígenas de Pátzcuaro y de Santa Clara: tejida en lana roja o verde, la pieza tiene más de siete metros de largo que las mujeres recogen en pliegues alrededor de la cintura y, por el peso, deben sostenerla con varios ceñidores también tejidos en lana.

El algodón es la fibra más usada: se tejen huipiles, ceñidores, morrales y una gran cantidad de rebozos; los más típicos son azul marino con listados de azul claro y blanco. Pero la mayor cantidad de algodón se usa para tejer cambaya, que sirve para todo tipo de ropa, sobre todo camisas, faldas y vestidos; especialmente bonitos son los que se confeccionan en Morelia, cuyo diseño en punto de cruz está realizado con pequeños toques de chaquira transparente.

Está también la Piedad de Cabadas, que tiene una vasta producción de vestidos y mantelería bordada y deshilada. Y el Pueblo Nuevo San Juan Parangaricutiro —construido en las cercanías del antiguo poblado que cubrió la lava del Paricutín— que es comúnmente conocido como San Juan de las Colchas, por sus hermosas cubrecamas profusamente bordadas y terminadas con una ancha franja tejida al ganchillo.

En Aranza, donde también se confeccionan camisas, vestidos y rebozos, las artesanas usan un pequeño bastidor cuadrado, llamado patacua, con el cual tejen bellísimas servilletas de hilo de algodón.

Y por último, en Michoacán, igual que en otros estados, se hace una gran cantidad de muñecas de trapo vestidas con prendas típicas.

Joyería

Los michoacanos son hábiles orfebres y su arte ya era famoso en tiempos prehispánicos. La joyería de Pátzcuaro es la que más ha conservado el estilo antiguo, como se nota principalmente en las alhajas de plata con cuentas de cerámica roja; una muestra son sus graciosos collares formados por docenas de pescaditos de plata cincelada, alternados con bolitas rojas.

En Morelia se hace joyería tipo colonial español, al igual que en Huetamo, que tiene una abundante manufactura de joyas de oro con corales, turquesas y perlas y gran surtido de piezas de filigrana. Además, Huetamo se está ganando una merecida fama por la elaboración de joyería moderna, cuyo metal está trabajado en forma tosca con piedras semipreciosas engastadas; cada anillo, cada prendedor es una pequeña obra maestra de orfebrería.

Las mujeres tarascas siguen tejiendo sus prendas en el antiguo telar de cintura. Angahuan (arriba izquierda)

Collares de plata y cuentas rojas usados por las mujeres tarascas. Pátzcuaro (abajo izquierda)

Hermosas arracadas de plata repujada. Pátzcuaro (abajo derecha)

Muchos decoradores de interiores usan como cubierta de mesa los grandes platones de cobre con figuras repujadas
Villa Escalante (Santa Clara del Cobre) (arriba)

Muebles de tipo prehispánico, de madera de copalillo con asiento de piel de venado. Apatzingán (abajo izquierda)

La decoración laqueada también se aplica a todo tipo de muebles: aquí vemos una hermosa mesa (abajo derecha)

Metal

De fama muy merecida es el trabajo que se hace en Santa Clara del Cobre.

Conocedores de la metalurgia desde época prehispánica, los artesanos recibieron un fuerte impulso a raíz del establecimiento de numerosos talleres que mandó fundar Vasco de Quiroga, donde aprendieron a mejorar sus técnicas y ensayaron otras. Hoy en día, toda la población se dedica a trabajar el cobre, y junto a cientos de ollas, cazuelas, platos, jarras, floreros y vasijas de elegantes líneas clásicas, se fabrican piezas únicas martilladas, grabadas, repujadas o patinadas, que materializan la creatividad de cada artista.

Menos conocido, pero igualmente artístico, es el trabajo de hierro forjado. Existe un amplio surtido de rejas, caladores, herrajes para puertas y muebles y chapas en forma de violín, que se fabrican precisamente en San Felipe de los Herreros.

Madera y laca

Una de las artesanías más floreciente de este estado tan rico en manufacturas es el trabajo de las maderas. Desde el tallado de máscaras, la hechura de instrumentos musicales y el refinado laqueado, hasta los diversos tipos de muebles, la gama de productos es riquísima.

De origen netamente prehispánico son los equipales de madera y piel que se fabrican en Jiquilpan y las grandes bateas talladas de una sola pieza, actualmente muy solicitadas por los decoradores, quienes las usan como mesas.

En Maravatío se confeccionan muebles rústicos con asientos de tule, mientras que los muebles de Apantzingán son de madera de copalillo con asiento de piel de venado. En Cherán se ha mantenido la tradición del tallado de las hermosísimas columnas que sostienen los techos de las antiguas casas indígenas.

Muy conocidos —ya que en la actualidad se venden en todo el país—, son los juegos de sala, las recámaras y los comedores que se fabrican en Cuanajo y en Capécuaro, hechos de ayacahuite —una variedad muy fina de pino—, todos bellamente tallados y torneados.

Morelia es un gran centro mueblero y entre su vasta producción merece señalarse la altísima calidad y el gran esmero con los que se copian los auténticos muebles antiguos españoles, las puertas talladas y los arcones. Allí mismo se fabrican elegantísimos muebles modernos, hechos de una preciosa madera café con vetas negras y forrados con piel café.

La manufactura de instrumentos musicales fue introducida al principio de la colonia por Vasco de Quiroga y hoy en día las maracas, las castañuelas, los tambores y sobre todo las guitarras de Paracho han alcanzado fama mundial.

El laqueado de la madera —con técnicas diferentes a las que acostumbran los artesanos de Chiapa de Corzo, Chis., o los de Olinalá, Gro.— tiene un alto grado de perfección tanto en el acabado como en la decoración, y llegan inclusive a usar oro de hoja en la composición de sus diseños. Muebles, platos, charolas, bateas, jícaras, biombos y arcones son algunos de los artículos que se producen en Pátzcuaro, Quiroga y Uruapan.

En toda la entidad se hacen lámparas, charolas, floreros; juegos de ajedrez y de dominó con incrustaciones de hueso; cajas, saleros, molinillos, bolsas de mano y cuentas de madera; collares, pulseras, anillos, cortineros y argollas, y una gran variedad de juguetes entre los que destacan los baleros tallados.

Fibras vegetales

Además de las fibras que comúnmente se usan en todo el país para elaborar cestería y sombreros, en Michoacán se aprovechan las plantas que crecen en los lagos y la panicua, una especie de trigo que se da en la región. Con esta paja los artesanos hacen no sólo objetos utilitarios y de adorno, sino también esculturas religiosas, en particular unos enormes cristos verdaderamente estupendos.

Otras piezas que merecen especial atención son las preciosas alfombras de fibra calada y coloreada —copia de las que antiguamente trajeron los españoles— que se elaboran en Pátzcuaro.

Piel

Se hacen huaraches, sandalias, morrales y asientos de vaqueta. En Purépero se acostumbra pintar flores de colores sobre las bolsas y las sandalias, y usan la vaqueta para hacer joyería de piel, decorada.

La suntuosidad de las lacas de Pátzcuaro se debe a su rica policromía realzada con oro de hoja (arriba)

Cristos de Panicua, que expresan la devoción del artesano michoacano (abajo)

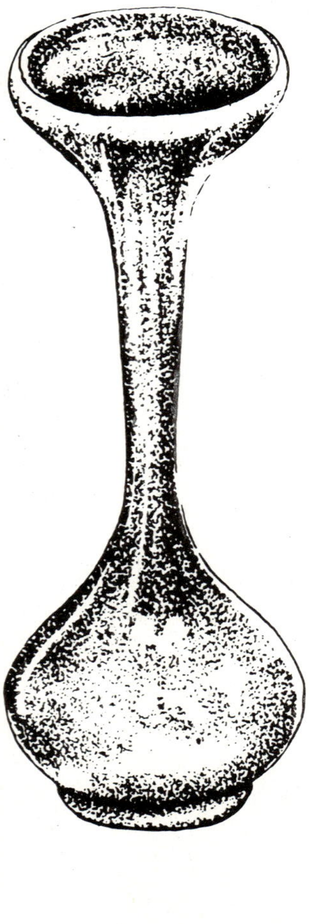

Poblaciones que producen artesanías	
Acuitzeo	Gabanes y cobijas de lana en telar de pie. Huaraches.
Ahuehuepan	Máscaras de madera tallada y pintadas.
Ahuirán	Huipiles, rebozos, ceñidores y morrales de algodón o lana en telar de cintura. Máscaras de madera tallada.
Anatepacuo	Cestería de palma.
Angahuan	Rebozos de algodón. Ceñidores y morrales de lana en telar de cintura. Cobijas, sarapes y gabanes de lana en telar de pie.
Apatzingán	Muebles de madera de copalillo con asientos de piel de venado. Equipales. Máscaras. Abrigos de piel de venado.
Aranza	Rebozos y ropa deshilada de algodón.
Ario de Rosales	Juguetes de barro vidriado. Huaraches.
Capécuaro	Muebles de madera tallada, torneada y calada. Ceñidores y morrales de lana o algodón en telar de cintura, bordados.
Capula	Vajillas decoradas de barro vidriado. Macetones. Platones y cazuelas.
Carapan	Muebles de madera. Enredos, rebozos, ceñidores y morrales de lana o algodón en telar de cintura.
Cocucho	Gran variedad de ollas, cazuelas y vasijas de barro vidriado.
Comachuén	Rebozos de algodón, enredos, ceñidores y morrales de lana, en telar de cintura. Manteles bordados.

Comanjá	Juguetes de barro vidriado.
Cuanajo	Muebles de madera tallada, torneada y calada.
Charapan	Sarapes, cobijas, gabanes, jorongos de lana en telar de pie. Loza de barro.
Cherán	Columnas de madera tallada. Sarapes, enredos, ceñidores y morrales de lana en telar de pie y de cintura.
Chilchota	Vasijas de barro.
Erongarícuaro	Rebozos de lana o algodón en telar de cintura. Cambayas. Loza de barro vidriado.
Huandacareo	Juguetes de barro vidriado.
Huánsito	Cántaros de barro rojo, decorados al pincel.
Huetamo	Joyería de oro. Huaraches.
Ichán	Loza de barro bruñido.
Ihuatzio	Juegos de cubiertos de madera labrada. Cristos, vírgenes, y cestos de panicua y chuspata.
Janitzio	Muebles de madera, juguetes de trapo y madera. Joyería tradicional de plata. Sombreros de paja, palma y fibras que extraen del lago. Ropa de algodón bordada.
Jarácuaro	Cestería y sombreros de palma, paja y chuspata.
Jiquilpan	Muebles de madera con asiento de tule. Huaraches. Equipales.
La Piedad	Rebozos y enredos de lana en telar de cintura. Ropa bordada y deshilada.
Maravatío	Muebles de madera con asiento de tule.

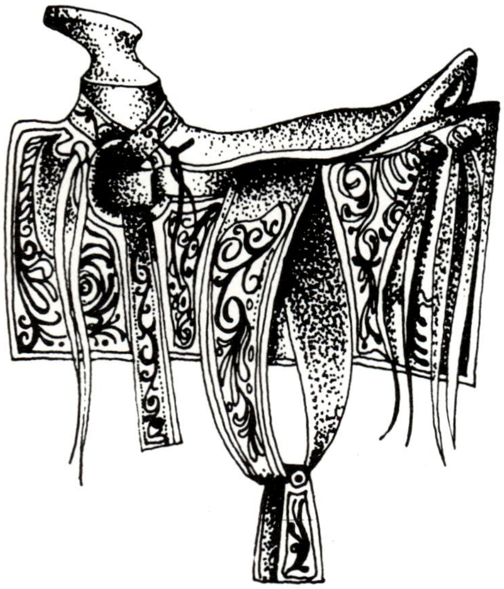

Morelia	Muebles de maderas muy finas con asientos de piel; muebles que copian antiguos diseños españoles. Vestidos de cambaya bordados en punto de cruz y con chaquira. Joyería de oro. Flores de papel. Muebles de metal para jardín. Rejas de hierro forjado, lámparas, herrajes. Puertas de madera tallada, arcones. Cuchillería. Huaraches. Bateas de madera.
Morelos	Loza utilitaria, de barro vidriado únicamente por dentro en rojo quemado.
Nahuatzen	Máscaras de madera pintada y tallada. Enredos, quechquemitl, morrales y ceñidores de lana o algodón en telar de cintura y de pie.
Ocumicho	Figuras de barro, generalmente diablos, pintados con aceite. Máscaras de madera tallada, o de cartón. Rebozos, enredos, ceñidores, quechquemitl y morrales en telar de cintura y de pie.
Opopeo	Huipiles de algodón en telar de cintura. Vestidos y blusas bordados y deshilados.
Pamatácuaro	Bateas, molinillos y juguetes de madera. Sombreros de palma y cestería.
Paracho	Instrumentos musicales, juguetes, bateas y ajedreces de madera. Enredos, sarapes y cobijas de lana en telar de pie y de cintura. Muebles de madera.
Patamban	Loza de barro verde vidriado decorado en café y blanco. Juguetes de barro, piñas y piezas de barro muy fino llamado cáscara de huevo.
Pátzcuaro	Joyería de plata tradicional. Velas artísticas. Juguetes de madera y trapo. Muebles, arcones y jícaras

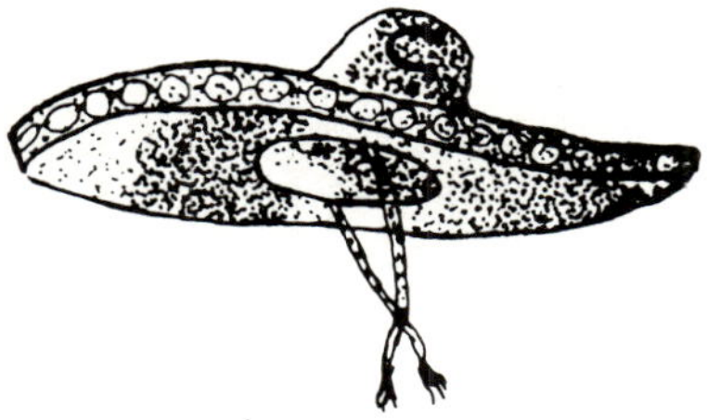

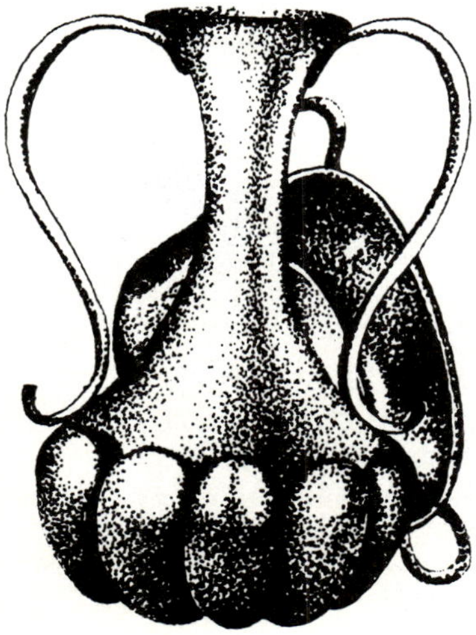

	laqueados. Cristos y vírgenes de panicua. Cambayas, rebozos y ceñidores de algodón en telar de cintura y de pie. Muebles de madera con asiento de tule.
Pichátaro	Sarapes de lana en telar de pie.
Purépero	Camisas de algodón bordadas a mano. Sandalias, morrales, collares de piel cincelados y pintados. Barro utilitario.
Puruándiro	Huaraches.
Quiroga	Instrumentos musicales. Lacas. Huaraches, sandalias y morrales de cuero. Sombreros de palma. Loza utilitaria de barro. Juguetes de madera.
San Felipe de los Herreros	Hierro forjado.
San José de Gracia	Loza de barro vidriado. Cántaros rojos porosos; piñas vidriadas.
San Juan de las Colchas	Colchas de lana en telar de pie bordadas a mano. Blusas, vestidos y pañuelos deshilados.
San Juan Parangaricutiro	Bolsos hechos de cuentas de madera; collares y pulseras. Vestidos de algodón bordados a mano.
San Lucas	Sillas de montar piteadas.
Santa Anita Sacuala	Enredos, quechquemitl, ceñidores y morrales de lana en telar de cintura. Camisas y blusas de algodón bordadas a mano.
Santa Clara del Cobre	Cobre cincelado y repujado, miniaturas y joyería. Enrédos, sarapes, cobijas y ceñidores de lana en telar de cintura y de pie.
Santa Fe de la Laguna	Loza vidriada en negro; loza bruñida en rojo, jarros policromados de carita. Máscaras de madera. Piñas, copaleros y candeleros.
Santo Tomás	Barro utilitario.

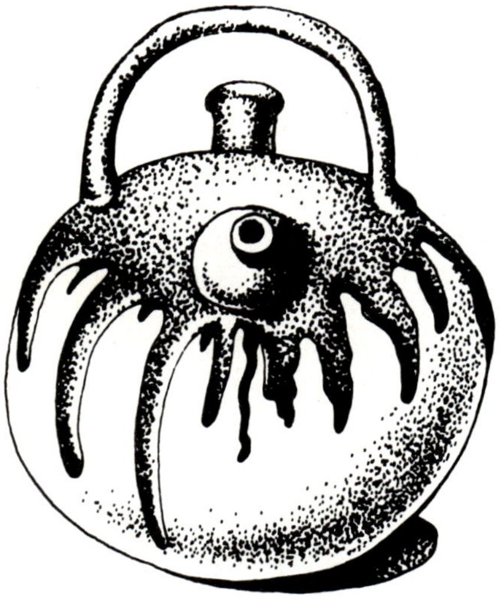

Tacámbaro	Huaraches.
Tarécuato	Blusas de algodón bordadas con estambres. Enredos, ceñidores, y morrales de lana en telar de cintura y de pie.
Tingüindin	Lámparas, charolas y bateas de madera torneada.
Tlalpujahua	Cerámica utilitaria.
Tócuaro	Máscaras de madera tallada y pintadas. Vestidos y blusas bordados y deshilados.
Tzacan	Vestidos y blusas de algodón, bordados.
Tzintzuntzan	Vajillas de barro vidriado, café oscuro, bayo o verde. Cántaros, candeleros y ollas con tapa rojo oscuro. Copias de vasijas prehispánicas: pipas, botellones zoomorfos. Artículos decorativos de panicua y chuspata.
Uruapan	Muebles, arcones, biombos, jícaras laqueadas y decoradas con oro. Cambayas, rebozos de lana o algodón en telar de cintura. Vestidos bordados a mano.
Zacapu	Juguetes de barro vidriado.
Zináparo	Cántaros de barro color canela, decorados con rojo.
Zinapécuaro	Macetas de barro vidriado al pastillaje. Bellos juguetes de barro vidriado.
Zirahuén	Muñecas de trapo y de madera.
Zipiajo	Vasijas de barro.
Zitácuaro	Sarapes de lana en telar de pie. Huaraches.

Lugares de venta de artesanías

MORELIA. Casa de la Cultura.
Artístico en el ex-convento del Carmen. Domicilio conocido.
Museo de la Máscara Sala de Cristos y Sala de Arqueología.
Histórico estatal Morelos Norte No. 480.

PÁTZCUARO. Museo de Arte Contemporáneo.
Artístico estatal, casa de las artesanías e IMC, en la Casa de los 11 Patios.
Museo Regional de Artes e Industrias Populares.
Artesanías y cultura popular de la región, INAH. Antiguo Colegio de San Nicolás.

QUIROGA. Museo de Objetos de Vasco de Quiroga.
Artístico local. Domicilio conocido.

SANTA CLARA DEL COBRE. Museo Nacional del Cobre.
Artesanías y cultura de la región, casa de las artesanías. Domicilio conocido.

TZINTZUNTZAN. Museo de Tzintzuntzan.
Histórico Local IMC, casa, cultura de Tzurumura. Domicilio conocido.

URUAPAN. Museo Eduardo Ruiz.
Histórico local Plaza de la Ranita.
Museo Regional La Huatapera.
Artesanías Morelos s/n.
Museo de las Jícaras.
Artístico regional.

ZACAPU. Museo Casa de la Cultura.
Artístico local. Domicilio conocido.

Veracruz

El territorio fue sede de tres de las más importantes culturas mesoamericanas: olmecas, huastecos y totonacas, todos ellos grandes escultores y magníficos alfareros cuyas obras suscitan el asombro de propios y extraños. Aún lo habitan diversos grupos indígenas, quienes han conservado algunas de las tradiciones artesanales de sus antepasados.

Entre las artesanías más antiguas destacan los textiles y la elaboración de fibras vegetales; de origen colonial son la joyería y la industria mueblera. Un lugar exclusivo lo ocupa la fabricación de arpas que, al óptimo sonido, unen la belleza de la madera taraceada.

En el puerto y en otros lugares ribereños los artesanos dan vuelo a su fantasía en la creación de artículos de conchas y caracoles. Sin embargo, aunque interesante, el catálogo de productos manufacturados no es muy amplio, porque el interés de los habitantes del estado está abocado a otras tareas: el comercio, las actividades agropecuarias, y el pujante desarrollo industrial dejan cada día menos tiempo a la paciente obra artesanal.

Las ingenuas figuras de barro de Santa María Tatecla son la expresión más genuina de la alfarería veracruzana. Huatusco (arriba)

Alfarería

En Santa María Tatecla y en la zona de Huatusco se trabaja alfarería utilitaria de barro poroso, bastante burda y con reminiscencias de su origen prehispánico. También de estilo muy primitivo son los graciosos juguetes y las figuras, de color bayo y decorados en café oscuro que se elaboran especialmente para el día de Todos los Santos.

Textiles

En algunos poblados se sigue usando el telar de cintura para hacer huipiles de fino algodón y enredos que después se bordan. En Cotzoleacaque se tejen hermosos ceñidores, enredos y morrales de lana y en Chicontepec se manufacturan las más bellas blusas de la región, de algodón blanco con espléndidos bordados ejecutados en punto de cruz, con colores brillantes.

El traje de las mujeres jarochas es muy elegante: falda de algodón con alforzas y encajes valencianos, camisa también con encajes, mandil de terciopelo negro bordado con rosas de colores, y una pañoleta de algodón.

En Tlacotalpan se produce un gran número de artículos de tela comercial bordados o deshilados y tejidos de gancho: cortinas, camisas, vestidos, mantelería, etcétera.

Joyería

En el puerto y en Papantla son famosas las alhajas de estilo tradicional en oro y plata, a veces con corales, y muy típicos los relicarios —tradicionalmente tienen que usarse tres juntos— que las jarochas llevan con su traje regional.

Madera

Las mecedoras de cedro rojo con respaldo y asiento de bejuco, son apreciadas en todo el país por su excelente calidad y acabado; también los butaque, con asiento de vaqueta, tienen mucha demanda. En el puerto se producen muebles modernos de cedro y de caoba, y Tlacotalpan es muy renombrado por los instrumentos musicales: guitarras, requintos, tambores y, sobre todo, las arpas hechas con maderas preciosas.

Hermoso quechquemitl bordado con la tradicional flor del maíz. Cotzoleacaque (abajo izquierda)

Espléndida camisa de algodón bordada, de Cotzoleacaque (abajo derecha)

En Jalapa se fabrican muebles realizados en bambú

Fibras vegetales

Se usa la palma para tejer sombreros, morrales, bolsas y diversos tipos de cestería. En ixtle sobresalen los morrales de Tantoyuca, y los asientos de bejuco son de la más alta calidad.

Una artesanía muy original y exclusiva de Papantla es la elaboración de figuritas zoomorfas hechas con vainilla fresca, que conservan su aroma por mucho tiempo.

Vidrio

Recientemente se ha establecido en Jalapa un taller de artículos de vidrio soplado.

Piel

Los centros productores de talabartería son Cozcomatepec y Tantoyuca, donde se fabrican huaraches, botas, fundas para armas, guantes, billeteras, portafolios, sillas de montar, chaparreras, cinturones, mochilas y morrales.

Concha, caracol y carey

Los productos marinos encuentran una amplia aplicación en la elaboración de artículos que van desde la joyería hasta lámparas de pie, cajas, marcos, adornos y muchos objetos más, fruto de la creatividad de los artesanos.

Vistosas chaparreras de piel de venado y vaqueta. Coscomatepec (abajo izquierda)

Máscaras de madera procedentes de Santiago Tuxtla (abajo derecha)

Poblaciones que producen artesanías

Acatitla	Sombreros de palma.
Aguasuelos	Cántaros de barro poroso en color bayo con decoración café oscuro.
Amatlán de los Reyes	Huipiles, enredos, morrales y ceñidores de algodón o lana en telar de cintura.
Coscomatepec	Talabartería, huaraches, botas, fundas para armas, guantes, chaparreras, portafolios, billeteras, sillas de montar y aparejos.
Cotzoleacaque	Enredos, morrales, ceñidores y quechquemitl de lana en telar de cintura.
Chicontepec	Camisas de algodón bordadas a punto de cruz. Enredos y ceñidores de lana en telar de cintura.
Huatusco	Alfarería de barro poroso; loza utilitaria de barro y figuras para las fiestas de Todos los Santos.
Jalapa	Vidrio soplado y cuadros pintados al óleo. Muebles de bambú.
La Perla	Talabartería y huaraches.
Minatitlán	Ropa de algodón bordada y deshilada. Trajes de jarocha, bordados.
Papantla	Cestería de palma y vara. Figuritas de vainilla. Joyería de oro y plata. Máscaras de madera tallada. Muñequitas vestidas con trajes típicos.
Santa María Tatecla	Loza utilitaria de barro poroso, copaleros y juguetes para la fiesta de Todos los Santos.
Santiago Tuxtla	Máscaras de madera e instrumentos musicales. Jarciería. Cestería bordada con estambres de colores.

Tantoyuca	Huaraches, sillas de montar, talabartería, chaparreras, cinturones. Sombreros de palma. Cestería, petates. Flores de papel.
Tempoal	Morrales y bolsas de palma.
Tlacotalpan	Vestidos bordados; deshilados y tejidos de gancho; trabajos de malla. Mecedoras de cedro rojo o caoba con asiento y respaldo de vaqueta. Arpas y otros instrumentos musicales.
Veracruz	Muebles de caoba y cedro rojo, mecedoras con asiento y respaldo de bejuco. Figuras de coco tallado. Bordados y deshilados, trabajos de ganchillo. Alhajeros, collares, aretes y lámparas de conchas y caracoles.
Zongolica	Alfarería de tipo utilitario, de barro poroso color bayo decorado al pincel.

Lugares de venta de artesanías

CÓRDOBA. Museo de Córdoba.
Histórico local, Patronato del Museo calle 3 y avenida 3.

Casa de las artesanías.
Artesanías regionales, en la ciudad.

Tlaxcala

Enclavado en el centro de mesoamérica, el territorio de Tlaxcala representó desde siempre una encrucijada cultural, donde a lo largo de los siglos se asentaron diferentes grupos indígenas. Olmecas, teotihuacanos, huastecos, totonacas, mayas, chichimecas y nahuas dejaron huellas de su presencia en los vestigios arqueológicos esparcidos en el estado.

Durante la conquista española, los tlaxcaltecas se aliaron a Cortés para destruir a los aztecas, a quienes odiaban profundamente; con ello consiguieron muchos privilegios de parte de los españoles y Tlaxcala se convirtió en una de las zonas más importantes en los principios de la colonia. Sin embargo, al iniciarse el desarrollo de Puebla, una parte del territorio tlaxcalteca y sus habitantes pasaron a formar parte de la nueva entidad, a raíz de lo cual dio comienzo la decadencia de Tlaxcala. Malas cosechas, plagas, epidemias, y otras catástrofes que azotaron la región hacia finales del siglo XVII y durante el XVIII, mermaron aún más la población; finalmente, los pocos habitantes que quedaban emigraron. El éxodo ha continuado hasta nuestros días, ya que actualmente las difíciles condiciones siguen obligando a sus habitantes a buscar mejores oportunidades de vida en otros sitios.

No obstante, en el estado todavía subsisten núcleos de población indígena, sobre todo de filiación nahua. A ellos se debe que se hayan mantenido algunas de las artesanías más tradicionales y aunque no hay gran variedad, sus productos conservan la espontaneidad de lo genuino.

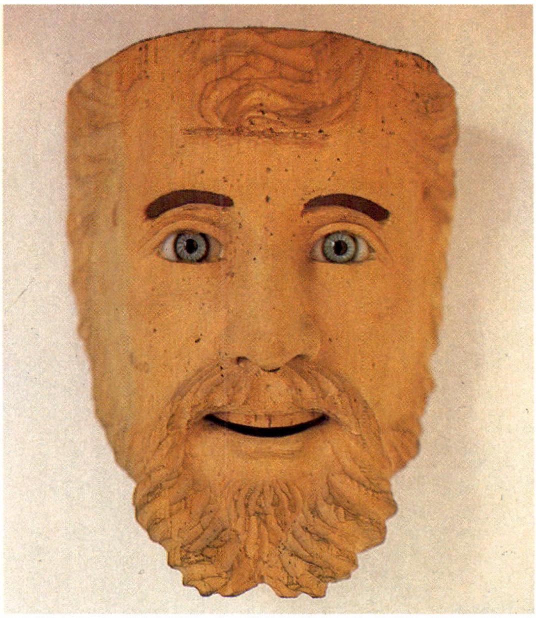

Los grandes ojos azules de vidrio son el rasgo más sobresaliente de las preciosas máscaras de madera tallada que se elaboran en Apetatlitán (arriba izquierda)

Bastones de madera de huejote con el mango de sabino, grabados y pintados. Tizatlán (arriba derecha)

Botellones antropomorfos de barro rojo esgrafiado y bruñido. San Sebastián (abajo izquierda)

Hermoso sarape de lana, tejido en telar de pie. Santa Ana Chiautempan (abajo derecha)

Alfarería

La producción es limitada y de tipo utilitario. Sin embargo, en Ocotlán y en San Sebastián Atlahpa se elaboran piezas de barro rojo bruñido, con flores y hojas esgrafiadas. Las vasijas más originales son los grandes botellones en forma de venado o de pato, muy conocidos. También se producen copias en barro de piezas prehispánicas.

Textiles

Se dice que fue en Apizaco donde, en 1540, se tejió por primera vez la lana en la Nueva España. Actualmente se confeccionan cobijas, jorongos, morrales y rebozos bordados, así como hermosos sarapes en colores naturales, tejidos en telar de pie; otros, con anchas rayas de colores muy vistosos recuerdan los sarapes de Saltillo.

Madera

Los objetos más típicos de Tlaxcala son los bastones de Apizaco —que en realidad se tallan en Tizatlán—, están hechos en madera de huejote con el mango de sabino, grabados y policromados. Con la misma decoración se tallan delgadas varitas y palos de beisbol.

Las máscaras de esta región son características por los azules ojos de vidrio. Elaboran también teponaztli —antiguos tambores horizontales indígenas—, que cuentan con alta calidad sonora. Es de llamar la atención la abundancia de juguetería en madera.

En la capital de la entidad se fabrican muebles tallados, mientras que en Huamantla se hacen muebles rústicos con asiento de palma. Pero es en la talla y estofado de las imágenes religiosas, donde los artesanos tlaxcaltecas expresan mejor su gran sensibilidad artística.

Los artesanos tlaxcaltecas han conservado su habilidad en el tallado y pulido del ónix. San Pablo del Monte

Piel

Se elaboran artículos de piel en Santa Ana Chiautempan.

Lapidaria

En San Pablo del Monte se tallan el ónix y el alabastro en forma de vasijas, candeleros, ceniceros, copas y juegos de café.

Un arte singular muy generalizado en el estado es la manufactura de retablos que se pintan sobre hojalata, cobre, tela o madera.

Fibras vegetales

En Santa Apolonia Teacalco se elabora cestería con vara de huijote y sabino.

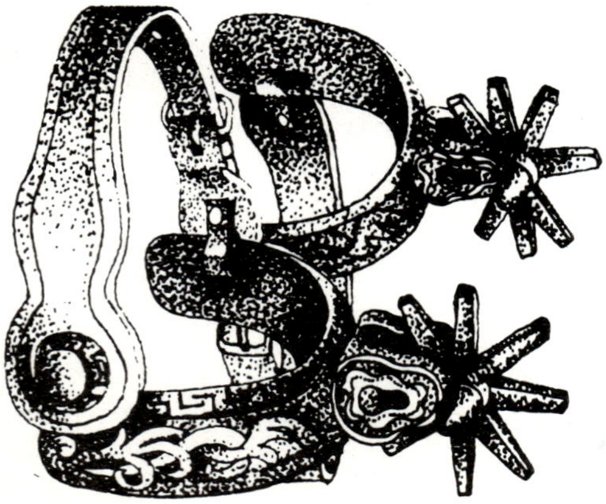

Poblaciones que producen artesanías

Apetatitlán	Imágenes religiosas y máscaras de madera, talladas, pintadas, estofadas y policromadas.
Apizaco	Sarapes de lana en telar de pie. Muebles de madera.
Huamantla	Muebles rústicos con asiento de palma.
Ixcolotla	Sarapes, cobijas, cotorinas de lana en telar de pie.
La Trinidad	Barro utilitario.
Ocotlán	Vasijas y botellones de barro rojo bruñido y vasijas zoomorfas.
San Andrés	Bastones labrados y pintados.
San Bernardino Contla	Sarapes, cobijas, cotorinas y morrales de lana, en telar de pie.
San Estebán Tizatlán	Bastones de madera de huijote y mango de sabino, tallados y pintados.

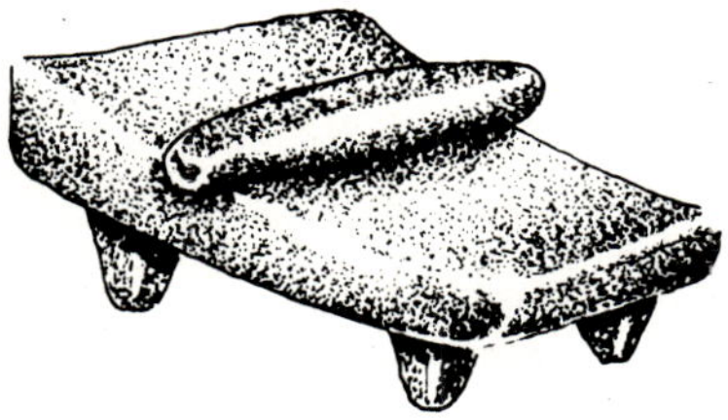

San Pablo del Monte	Objetos elaborados con ónix y alabastro. Retablos pintados en madera, hojalata, cobre o tela.
San Sebastián Atlahpa	Botellones zoomorfos de barro rojo, bruñido y esgrafiado.
Santa Ana Chiautempan	Sarapes, cobijas, gabanes, jorongos, rebozos, casimires y morrales de lana, en telar de pie. Máscaras y juguetes de madera tallada. Cestería. Talabartería.
Santa Apolonia Teacalco	Cestería.
Tlacocalpan	Muebles rústicos de madera con asiento de palma. Bastones tallados y pintados.
Tlatempa	Máscaras de madera tallada.
Tlaxcala	Imágenes y máscaras de madera tallada. Copias en barro de figuras prehispánicas. Tambores.

Lugares de venta de artesanías

TLAXCALA. Casa de la Cultura. Actividades culturales.

Hidalgo

Aunque Hidalgo no presenta una amplia variedad de productos, su artesanía resulta muy interesante pues está formada por dos tipos de producciones bien diferenciadas entre sí: la indígena y la de reciente creación.

La primera de ellas está condicionada por el ámbito geográfico. Millares de indígenas, en su mayoría otomíes y nahuas, viven en un medio particularmente hostil y árido; lo que hace que la población, fundamentalmente obligada por razones económicas, siga elaborando su indumentaria y sus utensilios cotidianos, de ahí que sus productos, hechos generalmente con materiales que tienen a la mano, hayan conservado toda la espontaneidad de las antiguas tradiciones.

Recientemente, y con el fin de aminorar los graves problemas de las comunidades indígenas, se ha establecido la manufactura de nuevas artesanías, que en poco tiempo se han naturalizado hidalguenses y que han sido aceptadas en el mercado nacional.

Tejedora con bastidor, de Ixmiquilpan (izquierda)

Canastos de carrizo de Pañhé (derecha)

Alfarería

La producción es escasa y se limita a artículos de uso doméstico en sus formas más tradicionales: comales, ollas, cántaros y cazuelas, hechos casi siempre de barro poroso, aunque en Huaxca y Tulancingo se produce loza vidriada de color rojizo. Las piezas más interesantes son unos grandes recipientes de origen prehispánico que sirven para guardar agua o semillas, y que se elaboran en Chililico, en la Huasteca hidalguense.

En San Pedro de las Ollas, que debe su nombre precisamente a los múltiples alfares, las mujeres indígenas, siguiendo una tradición milenaria, fabrican ollas y macetas color bayo que decoran con espirales color oscuro.

Textiles

La mejor artesanía del estado está representada por los textiles, que además de servir para la confección de indumentaria, recientemente incluyen en su producción la manufactura de artículos modernos.

La mayor parte de las telas, tanto de lana como de algodón, está tejida a mano en telar de cintura o, cuando son piezas anchas, en telar de pie. Sin embargo, la manta ha tenido una buena acogida en la región y las costureras indígenas confeccionan con ella una amplia variedad de camisas: son famosas las de Ixmiquilpan, con el antiguo bordado «pepenado». Las mujeres de Tenango de Doria se han especializado a su vez en el uso de chaquira, con la cual bordan preciosas blusas y exquisitas bolsas.

Entre los huipiles, enredos, rebozos y demás prendas típicamente indígenas, destacan los quechquemitl de la Huasteca hidalguense: los hay recubiertos de bordados hechos en punto de cruz y otros realizados con una finísima gasa de hilo tejida a mano y adornados con una banda roja.

La indumentaria de lana natural tejida en Hidalgo es esencialmente masculina: jorongos, sarapes y, sobre todo, los morrales que usan los otomíes que resultan notables por sus figuras de aves, flores y grecas entretejidas en colores contrastantes: negro con blanco, blanco con café, combinados con suma elegancia.

La confección de muñecas vestidas con trajes regionales es una antigua tradición que no han olvidado los artesanos hidalguenses. Asimismo, muestras de un arte antiguo adaptado a necesidades modernas son los innumerables artículos que se confeccionan con telas comerciales o hechos en telares: manteles y servilletas, cigarreras, estuches para anteojos, marcalibros, vestidos, bolsas y pañuelos; todos bordados a mano. Las mujeres indígenas tejen en gancho primorosos manteles, carpetas, cojines y colchas.

Quechquemitl y morral de algodón y lana, tejido en telar de cintura por los otomíes de San Pedro (izquierda)

Los ebanistas se han especializado en el uso de la concha de abulón para las incrustaciones en muebles y objetos decorativos. El Nith (derecha)

Madera

En Hidalgo se elabora una artesanía muy exclusiva, la cual, debido a la gran habilidad de los artífices que la realizan, hace de cada pieza una verdadera obra de arte, nos referimos a la madera fina con incrustaciones de concha de abulón. Desde muebles —únicos en la república— hasta pastilleros, desde mesas hasta cruces bellísimas, desde adornos hasta instrumentos musicales en miniatura, la gama de estos productos es vastísima. Cada uno de ellos adornado con flores y pájaros de dicha concha, representan una muestra de la paciencia y el buen gusto de los artesanos de El Nith e Ixquimilpan, en el Valle del Mezquital, centros de esta extraordinaria artesanía.

También se fabrican rústicamente muebles y mecedoras con asiento de mimbre o de palma, banquitos de tres patas, bateas, cucharitas y molinillos.

Hace poco se comenzaron a fabricar relojes de péndulo en madera taraceada con figuritas móviles que representan a indígenas, los cuales hacen la delicia de los turistas extranjeros.

Fibras vegetales

El árido ambiente donde habitan gran parte de las comunidades indígenas, proporciona la materia prima que requiere la artesanía realizada con fibras vegetales.

El carrizo es usado para fabricar muebles ligeros: juegos de sala, libreros, revisteros, floreros y las famosísimas jaulas en forma de catedral, verdaderos monumentos elaborados a veces hasta de 2 m de alto. Con la palma se hace una amplia variedad de canastas y cestos, petates, aventadores y las graciosas sonajas que representan gallos y gallinas, adornadas con plumas coloreadas. Para protegerse de la lluvia, los indígenas usan unas largas capas de hojas de palma llamadas jáquimas.

Las fibras mejor trabajadas son el ixtle y la pita, con las que se manufacturan artículos, entre los que destacan los morrales, tejidos tan finamente que parecen de tela. También la lechuguilla es ampliamente aprovechada para hacer paneras, tortilleros y otros artículos útiles así como para graciosas figurillas de animales.

El ayate —esa pieza tan usada aún entre varios grupos indígenas, que lo mismo la utilizan para cubrirse que para cargar mercancías—, es una de las mejores expresiones textiles; en todo el estado se hacen bellos ayates de ixtle con anchas bandas multicolores.

Joyería

Es verdaderamente extraño que a pesar de la gran riqueza minera del estado, la orfebrería no haya tenido un mayor desarrollo. Actualmente sólo se hacen medallas, cadenas, pulseras y algunos otros adornos de oro y plata.

Metal

El trabajo de herrería también es bastante limitado: las mejores piezas son los faroles de hierro forjado, de Huexca. En cambio, se trabaja mucho el cobre martillado con el cual se realiza una amplia variedad de objetos como los elaborados en Tlahuelompa.

El latón y la alpaca son materiales con los cuales los artesanos hidalguenses realizan artesanías de reciente creación como marcos, vasijas, fuentes, jarras, ceniceros, saleros, frascos y unos preciosos candeleros en forma de angelitos.

La hojalata se usa en marcos de espejos, candeleros y juguetes.

Piel

Las sillas de montar; los trajes de charro, en gamuza, las fundas para machetes y pistolas y los anchos cinturones, son claros indicios de que el trabajo de la piel se remonta a la época colonial, cuando las necesidades de las haciendas impulsaban a aprovechar la piel de los animales vacunos.

Actualmente, retomando la antigua tradición, se ha enriquecido el catálogo y se confeccionan chamarras de piel, guantes, bolsas, petacas, carteras, portalofios y otros artículos modernos.

Papel y cerería

Dos artes populares en las cuales son expertos los indígenas de Hidalgo; banderas, manteles, piñatas, judas y flores de papel son muy apreciados en el mercado.

Con la cera, además de velas escamadas, hacen flores y arcos para las ceremonias religiosas.

Lapidaria

Lo más interesante en este rumbo son unos conos de cantera que los indígenas usan para filtrar el agua.

Poblaciones que producen artesanías	
Acatlán	Loza de barro vidriado en blanco. Impermeables de hojas de palma llamadas jáquimas. Escobetas, morrales y canastas de ixtle.
Acaxochitlán	Sarapes de lana en telar de pie. Blusas de algodón bordadas a mano.
Actopan	Cojines, manteles, marcadores para libros, cigarreras, monederos, estuches para anteojos, servilletas, muñecas con trajes típicos; todos bordados a mano. Huaraches.
Agua Blanca	Rebozos de algodón en telar de cintura.
Alfajayucan	Lapidaria. Sombreros, bolsos, juguetes y sonajas de palma.
Arbolado	Cestería de carrizo, palma y vara.
Atla	Camisas bordadas a mano.

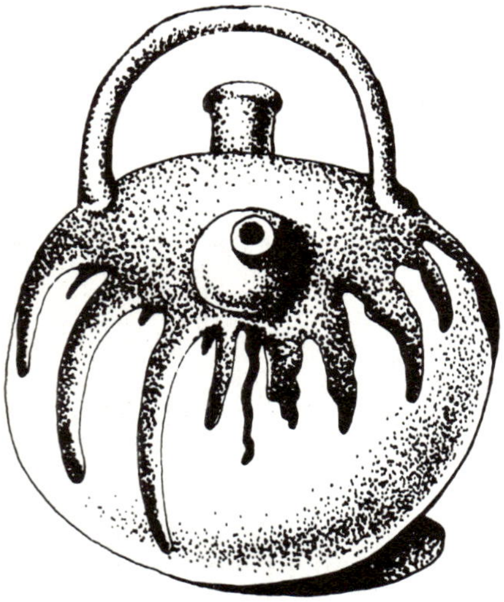

Atotonilco el Grande	Herrería. Cestería, petates, flautas, y sombreros de palma y carrizo.
Bomanxota	Cestería y sombreros de palma.
Bondojito	Manteles, servilletas y pañuelos bordados a mano.
Cardonal	Ayates de ixtle en telar de cintura bordados con lana. Juguetes, animalitos de ixtle, paneras. Huaraches. Banquitos de madera de tres patas.
Cerezo	Papel picado.
Cocinas	Ayates delgados de ixtle y otros más gruesos, hechos con el corazón y la penca de maguey.
Cruz Blanca	Ayates finos de ixtle. Cestería de carrizo. Muebles rústicos.
Chapantongo	Alfarería utilitaria. Cestería de carrizo. Sillas de madera rústica con asiento de palma.
Chicavazco	Manteles, servilletas, ceñidores, marcadores para libros, cigarreras, estuches para anteojos, camisas para hombre bordadas a mano, muñecas con trajes regionales, Huaraches.
Chililico	Cestería. Mecedoras de vara y mimbre, jaulas, petates y flautas. Alfarería. Juguetes de barro.
El Fitzi	Muebles rústicos de madera. Ayates y morrales de ixtle. Cestería de carrizo.
El Maye	Muebles rústicos de madera. Ayates y morrales de ixtle. Cestería de carrizo.
El Nith	Muebles. Miniaturas: instrumentos musicales, cajas, marcos, cruces, juegos para escritorio hechos en madera con incrustaciones de abulón.

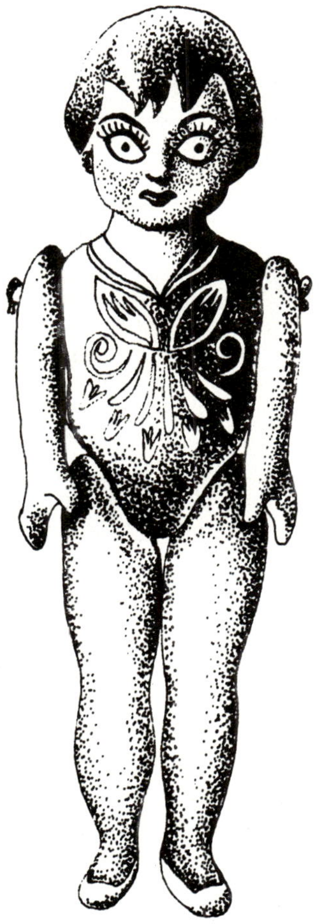

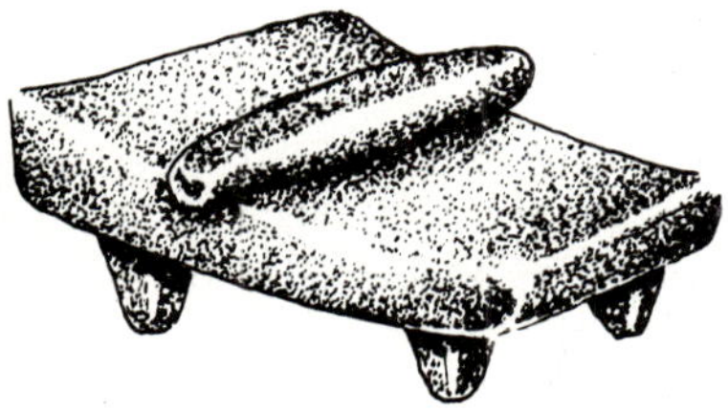

El Pino	Alfarería utilitaria. Cestería de carrizo. Sillas rústicas con asiento de palma.
González Ortega	Colchas, cojines y carpetas de gancho.
Huasca	Vajillas y loza utilitaria de barro.
Huautla	Cestería de carrizo y vara.
Huehuetla	Camisas, manteles y servilletas bordadas; quechquemitl en telar de cintura.
Huejutla	Muebles, banquitos, máscaras, mecedoras y sillas de madera. Sillas de montar. Huaraches. Cestería, sombreros de palma. Iglesias de carrizo. Machetes y herrería. Trajes regionales, tejidos y bordados. Quechquemitl, ceñidores y morrales de lana.
Hueytlalpan	Enredos, quechquemitl, rebozos, ceñidores y gabanes de lana. Blusas y camisas bordadas.
Huichapan	Manteles, servilletas y pañuelos bordados a mano.
Ixmiquilpan	Loza utilitaria de barro. Rebozos, gabanes, morrales y ceñidores de lana o algodón en telar de cintura. Camisas bordadas y pepenadas de algodón. Ayates de ixtle bordados con lana. Cestería de carrizo. Paneras. Costureros, alhajeros y figuritas de animales de ixtle. Muebles, libreros, revisteros y sillas de madera. Huaraches. Muebles y miniaturas taraceadas, con concha de abulón.
Jaltocan	Talabartería: sillas de montar, fundas para machetes, cuchillos, pistolas.
Lagunita	Bateas, banquitos, cucharones, molinillos de madera.
Los Reyes	Sarapes de lana, en telar de pie.

Maguey Blanco	Ayates de ixtle. Cestería de carrizo y muebles rústicos de madera.
Madho	Velas escamadas, flores de cera y papel.
Mejar	Ayates finos de ixtle y gruesos, hechos con el corazón y la penca de maguey.
Metztitlán	Loza de barro, cestería de vara, ixtle y palma.
Molango	Talabartería: fundas para pistola, machetes, dagas, cuchillos. Herrería artística.
Naxtey	Sonajas, palomitas, gallitos, bolsitas, monederos y juguetes de palma decorados con plumas.
Nexni	Sonajas, palomas, gallitos, bolsitas, monederos y juguetes de palma decorados con plumas.
Omitlán de Juárez	Vestidos, camisas, blusas, morrales y bolsos bordados a mano.
Orizabita	Ayates y sandalias de ixtle. Cestería de carrizo. Muebles rústicos de madera.
Pachuca	Loza utilitaria de barro y juguetes. Sacos de piel, vestiduras de vaqueta para sillas de montar, portafolios, guantes, petacas, cinturones, trajes de charro en gamuza. Alhajas de oro, cadenas y medallas. Figuras de plata hechas a escala. Piñatas, juguetes de papel, popote y carrizo. Madera taraceada.
Pañhé	Cestería y sombreros de palma.
Progreso	Ayates de ixtle, cestería de carrizo. Muebles rústicos de madera.
Remedios	Cestería de carrizo, vara y palma.
San Agustín Metzquititlán	Artículos de popote y trigo.

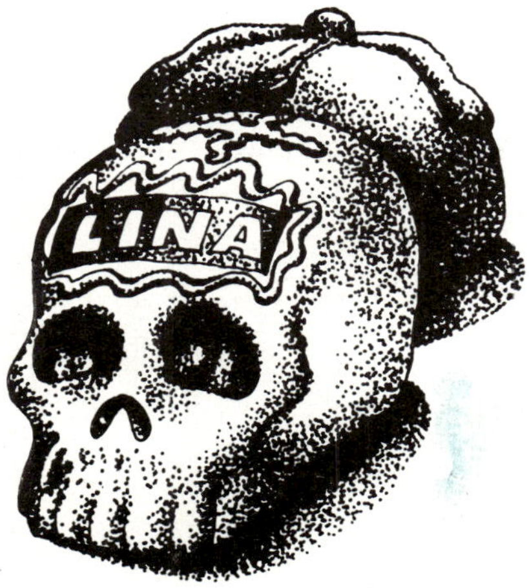

San Agustín Tlaxiaca	Jugueteros, vitrinas, espejos, ranas y ángeles de hojalata.
San Bartolo	Loza utilitaria de barro. Cestería de carrizo. Sillas rústicas con asiento de palma.
San Felipe Orizatlán	Chamarras, sillas de montar, petacas, cinturones, portafolios y carteras.
San Francisco Chapantla	Quechquemitl de lana o de algodón en telar de cintura.
San Juanico	Petates, aventadores y bolsas de palma.
San Nicolás	Petates, aventadores y bolsas de palma.
San Pablo	Loza utilitaria de barro.
San Pedro	Enredos, quechquemitl, ceñidores, rebozos, gabanes y morrales de lana en telar de cintura. Blusas y camisas de algodón bordadas.
San Pedro de las Ollas	Cántaros de barro poroso color bayo con dibujos en espiral.
San Pedro Tlachichilco	Loza utilitaria de barro poroso.
San Pedro Vaquerías	Sarapes de lana en telar de pie.
Santa Mónica	Enredos, quechquemitl, ceñidores, morrales, rebozos y gabanes de lana en telar de cintura. Blusas y camisas bordadas.
Santiago de Anaya	Sillas de montar, chamarras, petacas, cinturones y carteras.
Tasquillo	Cestería de vara, carrizo y palma.
Taxie	Sombreros, bolsas, juguetes y sonajas de palma.
Tecozautla	Sombreros, cestería.
Tenango de Doria	Talabartería. Camisas bordadas con chaquira. Manteles y servilletas bordadas a mano.

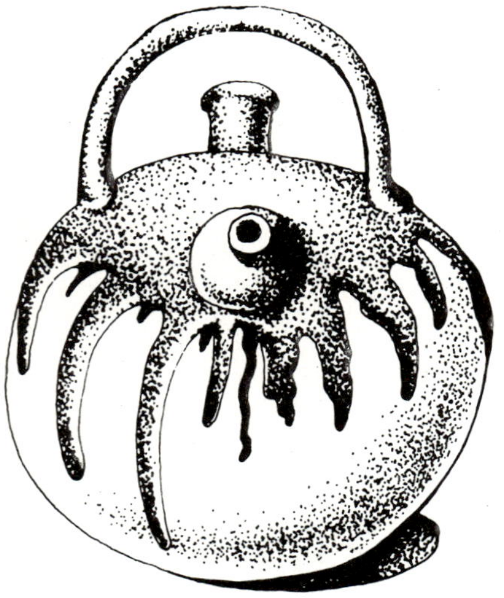

Lugares de venta de artesanías

ACTOPAN. Museo de Arte Religioso y Etnográfico Otomí.
Artístico, etnográfico INAH. Av. L. de Tejada No. 1, Ex-Convento de S. Nicolás Tolentino.

PACHUCA. Delegación Fed. de Turismo y Gobierno del Estado de Hidalgo. Casa de las Artesanías.
Artesanías.

MUSEO DE LA FOTOGRAFÍA.
Histórico de la Región INAH, calle Hidalgo y Casasola, Conjunto cultural Hgo., Ex-Convento de San Francisco.

Tianguistengo	Papel picado.
Tizapán	Charolas, ceniceros, saleros y candeleros de alpaca o latón.
Tlahuelompa	Gran variedad de cobre martillado, latón y alpaca.
Tlahuitepa	Cestería de palma e ixtle.
Tula de Allende	Copias en barro o piedra caliza de objetos prehispánicos.
Tulancingo	Loza utilitaria vidriada. Jarciería.
Valle del Mezquital	Ayates muy finos, bordados con lana. Iglesias y jaulas de carrizo, cestería. Quechquemitl, enredos y morrales de lana, en telar de cintura.
Xochihuacán	Relojes de pared, hechos en madera.
Xoti	Ayates de ixtle gruesos, de corazón de penca de maguey.
Zacualtipán	Talabartería: calzado de muy buena calidad.
Zimapán	Huaraches y morrales de ixtle.
Zinapantongo	Loza utilitaria de barro. Cestería de carrizo.

Estado de México

El Estado de México presenta, simultáneamente a su pujante desarrollo industrial, uno de los catálogos artesanales más completos de la república. Esto es resultado, desde luego, del hecho de que su territorio ocupa la mayoría de los valles del Altiplano Central, escenario de las más importantes etapas de la historia prehispánica.

Cabe recordar, por ejemplo, que uno de los factores que determinaron el poderío de Teotihuacan, y posteriormente de Teotenango, Calixtlahuaca, Malinalco y Tenayuca —por nombrar sólo los más famosos—, fue su enorme producción artesanal. Además de cubrir las necesidades para el desenvolvimiento de la vida civil y religiosa de las grandes ciudades, los artesanos de la localidad proporcionaban las mercancías para el comercio con toda mesoamérica, herencia invaluable que dejaron a sus descendientes nahuas, mazahuas y otomíes que todavía habitan en la entidad.

En la actualidad, desde hace aproximadamente 15 años, se está dando un extraordinario impulso a las artesanías, rescatando las que se estaban perdiendo y creando, sobre bases antiguas, modernas manufacturas.

Los conocimientos y la habilidad de los artífices se han enriquecido con nuevos modelos y técnicas, ejemplos tangibles de este feliz connubio son los magníficos tapetes de Temoaya y los gobelinos de Xonacatlán —tejidos por mujeres mazahuas que incorporan a sus conocimientos técnicas persas y francesas, respectivamente—, y la cerámica de alta temperatura de Temascalcingo, hecha por artesanos autóctonos con ayuda de modernos hornos eléctricos.

Es así como el Estado de México ofrece una enorme variedad de artesanías indígenas, coloniales y modernas, productos altamente calificados que en muy poco tiempo han conquistado el mercado nacional e internacional.

Alfarería

La tradición alfarera está profundamente arraigada y la producción es abundante, variada y bella. Desde la pieza más simple de uso utilitario hasta la compleja cerámica de alta temperatura, todo está trabajado y decorado con un especial buen gusto. Las ollas, los cántaros, los jarritos, las cazuelas de barro café vidriado, a veces decoradas con pequeñas orlas de espirales o de grecas rojas o amarillas; los famosos jarros pulqueros de Tecomatepec, café con escritos jocosos; las pilas de agua bendita rojizo y verde sobre bayo, de Ixtapan de la Sal; los juguetes y las grandes figuras de Tonatico, todas y cada una llevan el sello de la habilidad de artistas milenarios.

Entre las vajillas de loza vidriada se encuentran las que se producen en Valle de Bravo, de colores café oscuro, azul y bayo. Texcoco, Tequisquiapan, Tlanepantla, Temascaltepec, Almoloya del Río son algunos de los lugares donde se elaboran diversos tipos de cerámica.

Pero es Metepec el centro alfarero más famoso e importante del estado. Los hallazgos arqueológicos han demostrado que muchos siglos antes de que los aztecas conquistaran los valles de Toluca, la cerámica de Metepec —cuya arcilla se mezcla con la flor del tule—, ya era altamente apreciada en el mundo prehispánico. Afortunadamente la tradición se ha conservado a través de los años, enriqueciéndose cada vez con nuevas aportaciones.

Las vajillas más conocidas de Metepec son de loza vidriada, fondo café con cenefas de dibujos en azul, amarillo y blanco. Aunque quizás las piezas más famosas de este lugar sean los árboles de la vida, de todos tamaños, desde miniaturas hasta de algunos metros de altura, llenos de flores, hojas y aves que sirven de complemento a las figuras centrales, generalmente de significado religioso. Adán y Eva, Jesús, María y José, ángeles y hasta Dios Padre están representados con alegres colores. También son típicas las curiosas sirenas que tocan la guitarra, los soles con cara humana, los caballos, los apóstoles y los nacimientos, todos policromados.

Entre los artículos modernos sobresalen los hermosos marcos para espejos, hechos con las mismas hojas y flores que los «árboles», y

Jarros pulqueros de barro vidriado, complementados con leyendas jocosas. Tecomatepec (abajo izquierda)

Estupendo árbol de la vida de vivos colores. Metepec (abajo derecha)

Los nacimientos de barro vistosamente policromados son característicos de Metepec (arriba izquierda)

En contraposición al árbol de la vida, fue creado también el árbol de la muerte. Metepec (arriba derecha)

Vajilla de alta temperatura de color gris claro con decoración en azul cobalto, Temascalcingo (abajo)

los enormes macetones de dos asas, muy solicitados para decoración de interiores.

Temascalcingo se ha vuelto un centro muy importante en los últimos años, por haberse instalado allí hornos que producen cerámica de alta temperatura, sobre todo vajillas y vistosas macetas de color natural con decoración en cobalto.

Textiles

Debido al clima frío, la mayoría de las telas son de lana, hiladas con el prehispánico malacatl y tejidas en telar de cintura o de pie, según el tamaño de la prenda.

Los mazahuas y los otomíes confeccionan ceñidores, morrales y bellísimos quechquemitl, en Tenancingo se tejen rebozos empuntados con la técnica del macramé, considerados entre los mejores de la república.

Especialmente abundante es la manufactura de sarapes, jorongos y tapetes en cuya decoración se combinan los colores naturales de la lana con azul, blanco y negro. Gualupita Yancuitlalpan, Coatepec Harinas, San Felipe del Progreso son algunos de los pueblos dedicados a la confección de estos artículos. Piezas verdaderamente excepcionales son las colchas de lana, color natural, con un sobrio bordado en punto de cruz, que se hacen en Villa Victoria.

Las telas de algodón se usan para confeccionar rebozos, ceñidores y mantelería bordada, como las vistosas mantas de Ameyalco. Pero el mayor volumen de producción son las cambayas lisas o a rayas que se tejen en las cercanías de Toluca.

Alfombra de lana anudada, con diseño indígena. Temoaya (arriba izquierda)

Rebozo de algodón decorado mediante un tramado de estambre de lana. Ameyalco (arriba derecha)

Detalle de una colcha de lana bordada en punto de cruz. Villa Victoria (centro)

Hermosa alfombra de lana, tejida a mano por los indígenas de acuerdo con la técnica oriental del anudado. Temoaya (abajo)

Mención especial merecen las alfombras de Temoaya, una de las artesanías de reciente introducción, con mano de obra y diseños indígenas, lana australiana y técnica persa, se producen maravillosas alfombras que compiten a nivel internacional con los más afamados tapetes orientales.

Asimismo, los gruesos sacos de lana blanca tejidos con agujas y adornados con una ancha franja café, típicos de Santa María Chiconcuac, han obtenido un enorme éxito en los países europeos.

Joyería

En la entidad hay todavía minas de metales preciosos, Sultepec, Zacualpan, El Oro y Temascaltepec son algunas de las más importantes. El trabajo de joyería casi estaba abandonado, hasta que el plan para rescatar las artes populares le dio nuevo impulso: siguiendo antiguos modelos de origen español, se elaboran actualmente aretes, cadenas, anillos, adornos colgantes y arracadas, bellísimas son las de plata que se hacen en Tepatlaostoc y en Ixtlahuaca, son muy grandes y en las cuales abigarradamente se encuentran flores y palomas.

Morral de lana de alegre colorido. San Felipe El Progreso (arriba izquierda)

Una de las mejores realizaciones de la platería moderna son las campanas con agarradera en forma de árbol de la vida. Toluca (arriba derecha)

Joyería de plata inspirada en modelos tradicionales. Toluca (centro)

Exquisitas arracadas, producto de la antigua orfebrería de Ixtlahuaca (abajo)

La platería moderna es de diseño atrevido y exclusivo, sobresalen las campanas con la agarradera en forma de un pequeño y estilizado Árbol de la vida.

Madera y hueso

Existe un amplio surtido de productos de madera tanto de uso doméstico como ornamental. Desde cucharas —muy apreciadas son las de madera de copalillo que se tallan en Ixtapan— y bateas, hasta objetos labrados e incrustados de concha de carey o de hueso. Los artesanos de Santa María Rayón y de San Antonio la Isla se han especializado en la talla de botoneros, floreros, baleros, juguetes y juegos de ajedrez de madera y hueso, peines zoomorfos y botones de hueso, muy solicitados por su buen acabado.

Se fabrican muchos muebles rústicos con asientos de tule, los más típicos son los de Tenancingo: trinchadores, trasteros, mesas, sillas y sillones, generalmente pintados en negro o blanco y decorados con florecitas de colores a las que con un ligero toque de oro, se les da un aspecto alegre.

Los artículos más tradicionales se entremezclan con los más modernos dentro del

Muebles típicos pintados y decorados con flores multicolores y oro. Tenancingo (arriba)

Muñecas de trapo con trajes regionales. Acambay (centro)

Las miniaturas de azúcar hechas en Toluca están consideradas entre las más bonitas del país (abajo)

amplio surtido de la artesanía con base en fibras vegetales.

Por ejemplo, de ixtle, igual se elaboran los típicos ayates bordados y las sandalias que usan los indígenas, que modernos tapetes y tapices vistosamente bordados con estambre multicolor. Con la palma se tejen desde simples petates hasta bellísimas canastas, paneras, cestos para papel y tortilleros con figuras de color entretejidas.

En todo el estado se produce cestería, juguetes y sombreros en diferentes fibras. En Lerma se teje el tule con el cual se elabora un amplio surtido de objetos.

Únicos en su género son los muebles para jardín cuyos sillones de amplio respaldo y los banquitos redondos son fiel reproducción de muebles prehispánicos. También de antigua tradición son las grandes figuras femeninas o de revolucionarios también hechos de tule. En cambio de reciente creación son los tapetes calados de forma circular rematados en puntas que semejan grandes estrellas.

Piel

En Valle de Bravo se confeccionan trajes femeninos de dos piezas en ante, de un exquisito buen gusto y optima calidad. También se hacen bolsos, monederos, cigarreras, cinturones, zapatos y otras prendas de piel o de ante.

La talabartería se complementa con el piteado de las sillas de montar que se producen en Toluca.

Vidrio

Texcoco tiene una antigua tradición vidriera que se remonta a 1749 cuando instalaron una fábrica de botellas, botellones y otras piezas de vidrio soplado; luego, hacia la mitad del siglo XIX, se introdujo el uso de hornos de carbón y comenzó así la fabricación de vidrio plano.

Actualmente hay una amplia producción de vidrio prensado con el cual se realizan los capelos para imágenes religiosas; en la producción de vidrio soplado sobresalen bellas piezas, como: jarras, vasos, copas de colores etcétera.

Lapidaria

La talla de la obsidiana era una de las mayores artesanías que Teotihuacán exportaba a toda mesoamérica; ahora todavía se hacen objetos con figuras que recuerdan a las prehispánicas: pisapapeles, llaveros y joyería montada en plata.

En Zumpahuacan y Tequixquiapan se trabaja el mármol.

Cerería

Es abundante la producción de velas, entre las que sobresalen los cirios adornados con florecitas hechas al molde en color natural.

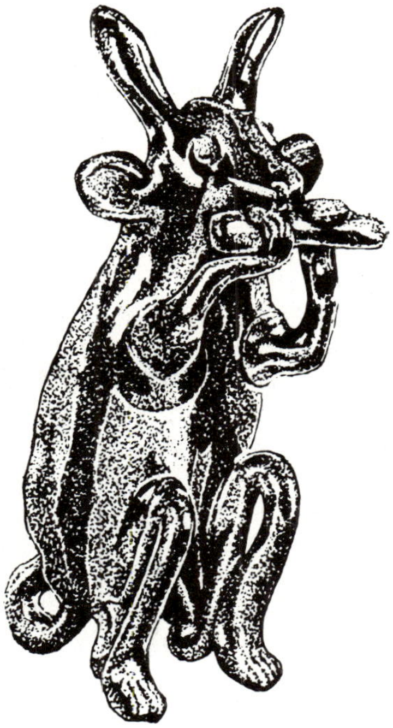

Poblaciones que producen artesanías	
Acambay	Textiles de lana, en telar de cintura, bordados.
Acolman	Joyería tradicional de plata. Lapidaria. Cestería. Copias en barro de figuras prehispánicas.
Almoloya de Juárez	Textiles de lana o algodón, en telar de pie y de cintura, bordados.
Almoloya del Río	Textiles de lana en telar de cintura.
Amatepec	Textiles de lana en telar de cintura.
Ameyalco	Colchas, rebozos y tapetes de lana o algodón, en telar de cintura.
Arenal	Loza utilitaria de barro vidriado.
Atlautla	Alfarería utilitaria de barro. Textiles de lana y algodón, en telar de cintura. Muebles rústicos con asiento de tule.
Capulhuac	Textiles de lana o algodón, en telar de cintura, bordados.
Coatepec Harinas	Textiles de lana o algodón, en telar de cintura y de pie.
Cuautitlán	Barro vidriado utilitario. Textiles de lana o algodón, en telar de cintura y de pie. Muebles rústicos con asiento de palma.
Chapultepec	Hueso, concha y carey labrados. Juguetes de madera.
Gualupita Yancuitlalpan	Suéteres, quechquemitl, morrales de lana elaborados en bastidor. Sarapes en telar de pie y de cintura. Jorongos y tapetes de lana.
Ixtaltepec	Loza utilitaria de barro.
Ixtapan de la Sal	Loza de barro vidriado y juguetes. Sillas rústicas con asiento de palma. Bateas y cucharas en madera de copal.

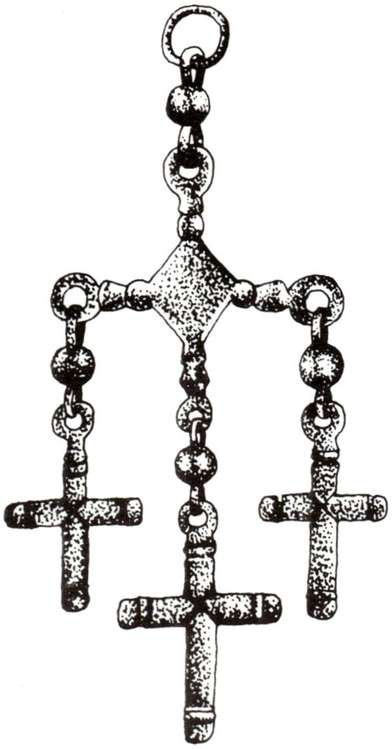

Ixtlahuaca	Textiles de lana en telar de pie y de cintura. Joyería tradicional de plata.
Jilotepec	Textiles de lana en telar de pie y de cintura. Alfarería utilitaria. Muebles rústicos con asiento de palma.
Joquicingo	Textiles de lana en telar de pie y de cintura. Joyería tradicional de plata. Muebles rústicos. Cestería de palma.
Lerma	Textiles de lana en telar de cintura. Muebles de tule. Cestería.
Mamaxtla	Textiles de lana en telar de cintura.
Metepec	Árboles de la vida. Vajillas de barro vidriado, loza utilitaria de barro, macetas, candeleros, etc.
Mexicalcingo	Alfarería y cerámica de alta temperatura. Vajillas, macetones y platones. Loza utilitaria de barro vidriado.
Nopaltepec	Artículos de ixtle, bordados.
Ocuilán	Textiles de lana o de algodón, en telar de cintura y de pie, bordados.
Otumba	Copias en barro de figuras prehispánicas.
Ozumba	Alfarería utilitaria de barro vidriado. Textiles de lana en telar de cintura y de pie. Muebles rústicos con asiento de palma.
Rancho Dios Padre	Morrales de lana en telar de cintura.
San Antonio la Isla	Textiles de algodón, rebozos en telar de cintura. Juguetes de madera, juegos de ajedrez, botones de hueso, peines y peinetas de cuerno, pirograbados.

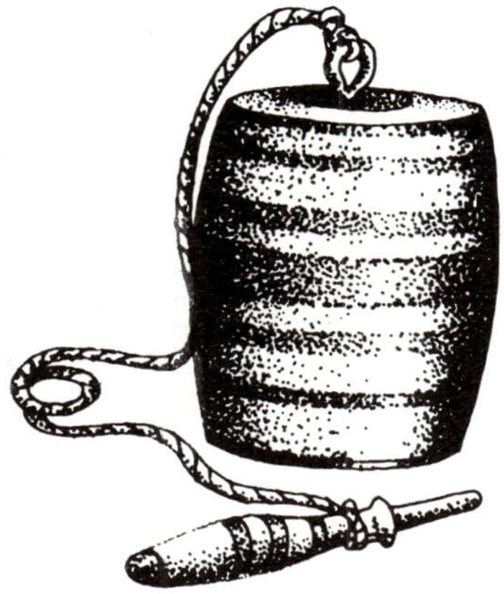

San Felipe del Progreso	Textiles de lana o algodón, en telar de cintura o de pie. Alfarería utilitaria de barro vidriado. Muebles rústicos con asiento de palma.
San Francisco Xonacatlán	Textiles de lana, en telar de pie y de cintura, bordados. Marimbas.
San Juan Teotihuacán	Copias en barro de piezas prehispánicas. Textiles de lana y algodón, en telar de cintura. Muebles rústicos. Lapidaria de obsidiana y ónix.
San Mateo Atenco	Morrales, ceñidores y quechquemitl de lana, en telar de cintura.
San Martín de las Pirámides	Lapidaria.
Santa Ana Tepaltitlán	Cestería y miniaturas de palma.
Santa Cruz de Arriba	Loza utilitaria de barro vidriado.
Santa María Rayón	Textiles de lana en telar de cintura y de pie. Juguetes de madera. Hueso, carey y concha, incrustados en molinillos y otros objetos.
Santiago Tianguistenco	Sarapes de lana en telar de pie. Cestería.
Soyaniquilpan	Textiles de lana, en telar de pie y de cintura, bordados.
Tecamac	Textiles de lana y de algodón, en telar de cintura y de pie.
Tecomatepec	Loza utilitaria de barro vidriado y juguetes del mismo material.
Temascalapa	Loza utilitaria de barro vidriado Muebles rústicos con asiento de palma.
Temascalcingo	Vajillas y macetas de alta temperatura. Loza utilitaria de barro.
Temoaya	Alfombras de lana anudada, enredos, morrales, ceñidores y quechquemitl, joyería tradicional de plata.

Tenancingo	Rebozos de algodón o artisela en telar de cintura. Joyería tradicional de plata. Muebles. Cestería.
Tepetlaoxtoc	Textiles de lana o algodón, en telar de cintura y de pie. Muebles rústicos con asiento de palma. Joyería tradicional de plata.
Tepetlixpa	Alfarería utilitaria de barro vidriado. Textiles de lana o algodón, en telar de pie o de cintura. Muebles rústicos.
Tepexpan	Hilados y tejidos. Talabartería. Lapidaria. Cestería. Copias en barro de piezas prehispánicas, al pastillaje.
Tepotzotlán	Textiles de lana en telar de cintura, quechquemitl, ceñidores, morrales y enredos.
Tequisquiac	Vajillas de barro vidriado. Animalitos de barro para sembrarles semillas de chía.
Texcalyacac	Textiles de lana y algodón, en telar de cintura.
Texcoco	Alfarería, copias en barro de piezas prehispánicas. Loza utilitaria de barro. Muebles. Textiles de lana en telar de pie. Vidrio soplado y vidrio prensado. Joyería de plata.
Texcoltitlán	Textiles de lana o algodón, en telar de cintura.
Toluca	Textiles de lana en telar de cintura. Campanas de plata con agarradera en forma de «árbol de la vida». Miniaturas de barro. Hierro forjado. Talabartería. Cerería y calaveras de azúcar.
Tonatico	Loza utilitaria de barro vidriado. Juguetes de barro. Sillas rústicas con asiento de palma. Cestería.
Tultepec	Muebles para jardín, de tule.

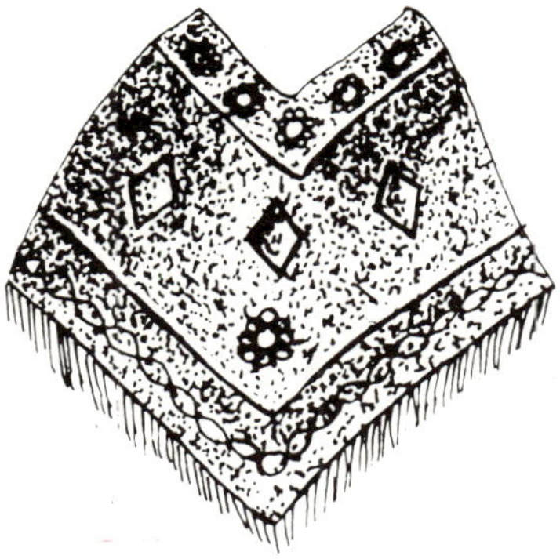

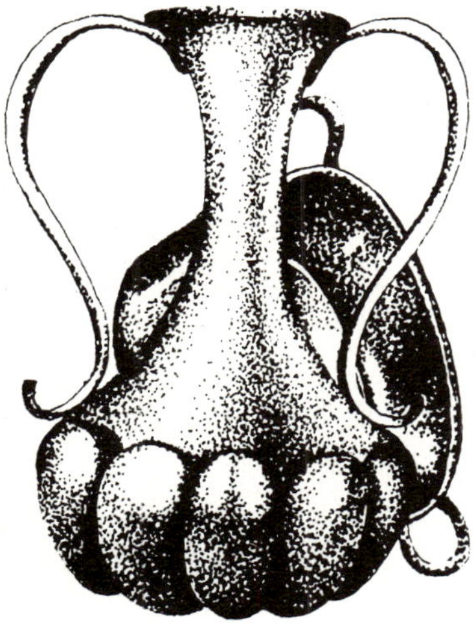

Lugares de venta de artesanías

TOLUCA. Museo de Arte Popular. Artesanías y Cultura Popular. Hidalgo y Oriente S/N.
Museo de Bellas Artes Artístico Estatal. Santos Degollado No. 102.
Museo de Charrería Artesanías y Cultura Popular. Morelos No. 801 Pte.

Tlalnepantla	Cerámica.
Valle de Bravo	Vajillas de barro vidriado. Sarapes y cobijas de lana, en telar de pie. Joyería de plata. Muebles rústicos. Trajes de ante.
Villa de Allende	Colchas, ceñidores, morrales y quechquemitl de lana, en telar de pie y de cintura.
Villa del Carbón	Enredos, quechquemitl, morrales y ceñidores de lana, en telar de cintura.
Villa Guerrero	Textiles de lana o algodón como ceñidores, morrales y quechquemitl, en telar de cintura y de pie.
Villa Victoria	Textiles, sarapes, cobijas, ceñidores, morrales y quechquemitl de lana, en telar de cintura y de pie. Joyería tradicional de plata.
Xonacatlán	Jorongos de lana en telar de cintura y tapetes.
Zacumulpa (Región de San Bartolo Otzolotepec).	Ayates de ixtle, en telar de cintura, bordados con lana.
Zacualpan	Jorongos de lana, en telar de pie, bordados. Joyería de plata y filigrana. Muebles rústicos de madera.

Distrito Federal

En la gran Tenochtitlan, corazón del territorio nacional, se concentraba la producción de todo el imperio mexica. Hasta nosotros han llegado las asombradas descripciones que los conquistadores hicieron al ver la enorme variedad de productos expuestos, procedentes de todos los rincones del país.

Esa costumbre se ha mantenido y en la capital de la república se siguen concentrando los productos que se fabrican en todo el país, esto sucede también con artesanías elaboradas en todas las regiones de la nación, salvo algunos artículos cuya producción es limitada o de uso estrictamente local.

El D.F. a su vez, es un gran productor de manufacturas, que exporta tanto al extranjero como a los mercados de las principales ciudades del país, sobre todo a aquellas que tienen un fuerte movimiento turístico.

Muchas de las artesanías realizadas aquí se originaron en tiempo de la colonia, cuando el florecimiento de la capital de la Nueva España atrajo a un gran número de artesanos. Actualmente el fenómeno sigue repitiéndose y muchos provincianos se establecen en la metrópoli, deslumbrados por un espejismo socioeconómico. Al elaborar sus artesanías se ven inconscientemente influidos por ideas nuevas, lo que da por resultado una artesanía en la que la creatividad es una mezcla de tradicionalidad y modernismo a la vez.

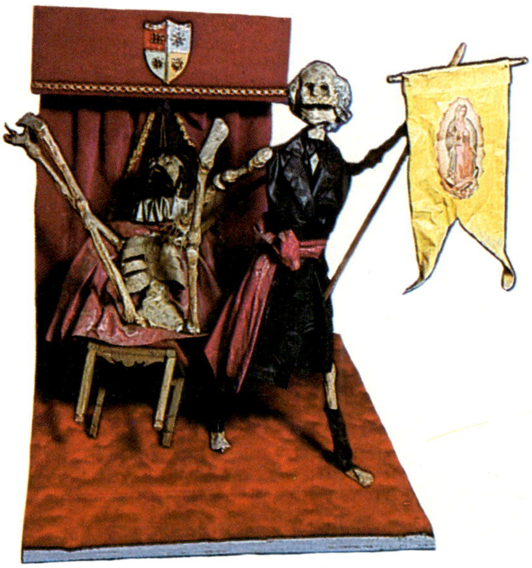

Alfarería

Hay un gran número de alfares de alta temperatura que se dedican a la producción de cerámica artística. Dignos de mención son los platones, las grandes figuras de animales, los bancos, las mesas; así como las celosías de cerámica vidriada muy brillante, usadas para decoración de interiores.

El barro poroso se trabaja poco, las piezas más interesantes elaboradas con él son los nacimientos en colores café, lila y amarillo, decorados con oro.

Textiles

En el D.F. se confecciona una amplia variedad de vestidos de algodón, bordados, deshilados o decorados con soutache, una cintita de seda que forma los diseños. Se producen también mantelería y pañuelos bordados o deshilados, así como colchas y cojines tejidos con gancho y bolsos, cortinas, cigarreras, cinturones y maceteros de macramé. Algunos talleres se han especializado en las telas estampadas a mano que tienen un amplio mercado en el extranjero, además se elaboran modernos gobelinos verdaderamente excepcionales.

Cerámica de alta temperatura: piezas exclusivas diseñadas por Hugo Velázquez (arriba)

Nacimiento de concepción modernista, hecha con barro pintado y decorado con oro, creación de Rogelio Ortega, mejor conocido como "Tihuil" (abajo izquierda)

Entre las prendas modernas sobresalen, por su elegancia, los vestidos bordados con soutache (abajo derecha)

Portarretratos de plata y piedras semipreciosas de Matilde Poulat (Matl) (arriba)

Alebrijes de cartón especialidad de la familia Linares (centro)

Espléndido candil de calamina con baño de oro (abajo izquierda)

Platón de cobre con amatistas, jades, turquesas y corales, (abajo derecha)

Joyería

La orfebrería es una de las más interesantes artesanías que se elaboran en la capital. Importante, tanto por el volumen de producción como por la calidad, es la fabricación de servicios de té o de café, y la cuchillería de plata. Las jarras y las cajas del mismo metal con gemas semipreciosas engastadas o con incrustaciones de carey, abulón o concha nácar son también muy solicitadas, al igual que los marcos de plata calada, con amatistas, turquesas y corales.

Se realiza, asimismo, mucho trabajo de oro y de plata. La joyería de plata del Distrito Federal ha alcanzado fama mundial debido a sus diseños.

Metal

El trabajo de los metales es también, como el de orfebrería, abundante y de muy buena calidad; con hojalata, estaño, cobre, alpaca y latón se fabrican desde cajas hasta grifos para baños y desde marcos hasta joyería, todo es muy bien trabajado y con originales diseños. Últimamente ha resurgido el interés por los muebles de latón de estilo antiguo, que han encontrado una magnífica acogida para la decoración de casas-habitación y lo mismo sucede con los platones decorados con figuras hechas de piedras semipreciosas y las lámparas y candiles de calamina con baño de oro o plata, copias de los diseños de Tolsá.

De hierro forjado se fabrican muebles para jardín, y, para interiores, cabeceras, lámparas y esculturas modernistas.

La mezcla de influencias españolas, chinas y mestizas ha creado un estilo propio, como se aprecia en esta cabecera de Edmundo Terán (izquierda)

Bargueño de caoba taraceado con hueso, obra de Martín Cova (derecha)

Estupenda imagen de madera estofada, policromada y dorada (abajo)

Madera

Con pino, ayacahuite, enebro, cedro rojo y caoba, los artesanos producen muebles de todos los estilos. Destacan los de estilo chino y los llamados muebles coloniales, reminiscencia de los traídos por los españoles a la Nueva España. Asimismo, representan verdaderas muestras de habilidad artesanal los muebles de caoba pintados al óleo y con oro de hoja y adornados con incrustaciones de hueso, así como los laqueados y los hermosos muebles forrados de pergamino y adornados con pinturas.

Entre las piezas menores sobresalen las cajas cubiertas con placas de metal adornadas con figuras inspiradas en el arte maya y los dominós incrustados de plata o hueso.

También se hacen bellas esculturas religiosas estofadas y policromadas.

Fibras vegetales

Una artesanía muy original es la manufactura de cuadros hechos con popotes pintados de colores.

Debido al actual interés por los muebles de ratán y de bambú, se han establecido varios talleres que fabrican juegos de sala, comedores, libreros, jugueteros, mesas y muchas piezas más.

El grabado de pepita proporciona una decoración muy elegante a las piezas de vidrio prensado (arriba)

Gracia y movimiento en este hermoso caballo, obra de Camilo Ávalos. D.F. (centro)

Cuadro de vidrio realizado con una técnica muy novedosa (abajo)

Vidrio

Es muy conocido el vidrio soplado de Carretones, con el cual se producen vasos, copas, jarras, floreros, pies de lámparas y adornos; se producen en colores ámbar, cobalto, aqua, verde, amatista y humo.

El vidrio prensado tiene también un amplio uso: artículos dignos de mención son lámparas, candiles, cortinas y ceniceros de grueso vidrio prensado, en colores muy vivos.

El vidrio de ampolla se utiliza, a su vez, en lámparas y faroles. Entre las muchas técnicas con las cuales se trabaja se encuentran los grabados al ácido, a la arena, y a la pepita, usando este último sobre todo para vasos y copas.

Con el vidrio estirado se hacen originales miniaturas.

Recientemente se ha comenzado a fabricar mosaico bizantino, que sirve para murales, mesas y cuadros, y además se elaboran espejos tipos veneciano y modernista, que destacan por su colorido.

Piel

La piel se trabaja lisa o cincelada y se confeccionan con ella trajes, chamarras, abrigos, guantes, bolsos, carteras, monederos, velices, portafolios, cinturones, alhajeros, juegos para escritorio, cubiletes, estuche de juegos, bolsas para palos de golf, marcos, sandalias, etc. También hay muchos artículos de gamuza, en especial sacos y zapatos.

Los trabajos de encuadernación de piel repujada con oro de hoja son de muy buena calidad.

Papel

Las flores de papel y las piñatas que se hacen en el D.F. son las más bellas de la república y por eso el aprecio que sienten por ellas los turistas extranjeros; igualmente sucede con judas, calaveras y unos personajes fantásticos de cartón, mezcla de varios animales, llamados alebrijes. Las figuras y los nacimientos hechos de papel, con una técnica exclusiva de los artesanos capitalinos son auténticas esculturas que compiten con los productos elaborados con papel maché, algunas personas más están dedicadas al papel picado y a la fabricación de rehiletes y papalotes.

Lapidaria

Abundan los canteros que labran fuentes, capiteles, cabezas de caballos, balconería, pies de mesa y todo tipo de estatuas; también hay talladores de objetos de ónix.

Cerería

Las velas adornadas con flores y hojas de colores muy fuertes son de una extraña y cautivante belleza, tanto como las velas escamadas y las flores de cera.

Plumaria

El D.F. es un lugar donde se ha conservado el arte plumario, tan en auge durante la época prehispánica; los cuadros de plumas multicolores y las tarjetas con aves cuentan con gran demanda, tanto de extranjeros como de nacionales.

La decoración alambrada y moldeada de estas bellísimas velas, es una técnica usada exclusivamente en el Distrito Federal por Celestino Ramírez

Lugares de venta de artesanías

Casa de Artesanías Fonart.
Artesanías.
Museo Colonial Casa del Risco.
Artístico. Calle de Juárez esquina con Amargura, Plaza de S. Jacinto, Col. S. Ángel.
Museo Diego Rivera «Anahuacalli».
Arqueológico. Calle del Museo No. 150 Col. San Pablito, Tepetlapa.
Museo Frida Kalo.
Artístico. Calle Londres 247 Col. Coyoacan.
Museo Nacional de Antropología.
Antropología. Nacional INAH. Av. Reforma y Gandhi. Del. Hidalgo.
Museo Nacional de Arte.
Artístico Nal. INBA. Calle Tacuba No. 8 Centro.
Museo Nacional de Artes e Industrias Populares.
Ex-Iglesia de Corpus Christi. Av. Juárez 44 Centro.
Museo Nacional de Artes Gráficas.
Artístico, GAMMA, Calle Mar Afuera No. 8 Col. Popotla.
Museo Nacional de Culturas Populares.
Cultura Popular Nacional. SEP. Calle Hidalgo No. 289 Coyoacán.
Museo Nacional de las Culturas.
Antropológico Internacional. Calle de Moneda No. 13 Centro.
Museo Rufino Tamayo.
Artístico, Av. Reforma y Gandhi.
Museo Universitario de Ciencias y Arte.
Científico. UNAM. C. Universitaria.
Museo Universitario del Chopo.
Artístico UNAM. Calle E. González Martínez No. 10 Col. Sta. Ma. la Rivera.
Museo de Arte de la Basílica de Guadalupe.
Artístico, Privado. Antigua Basílica de Guadalupe. Plaza Hidalgo No. 1.
Museo de Arte Moderno.
Artístico. Nacional INBA. Paseo de la Reforma y Gandhi.
Museo del Carmen.
Histórico INAH. Av. Revolución No. 4 y 6 Col. S. Ángel.
Palacio y Museo de la Charrería.
Charrería Nacional. Federación de Charros, A.C. Ex-Convento de Monserrat. Calle Isabel la Católica No. 108.
Recinto de Arte Prehispánico.
Televisa. Av. Chapultepec No. 19 Primer Piso.
Sala de Arte Público Siqueiros.
Artístico, Banco de México y SEP, Calle Tres Picos No. 29 Colonia Polanco.

Puebla

El estado de Puebla ofrece una enorme variedad de productos artesanales. Los grupos indígenas que habitan el territorio son, en su mayoría, de filiación nahua, aunque desde tiempos remotos se ha asentado en la región gente de diferente origen étnico: mixtecos, otomíes y popolocas. El conjunto de las distintas tradiciones culturales propició la creación de un estilo propio que todavía se percibe en los productos modernos, sobre todo en la alfarería y en los textiles. Pero es después de la conquista cuando la producción artesanal alcanza su máximo desarrollo con la fundación de la capital.

En 1531, siguiendo un plan prestablecido, los españoles fundaron Puebla de los Ángeles, que por su óptima ubicación, buen clima, tierras fértiles y gracias al apoyo de las autoridades de la colonia, en muy poco tiempo alcanzó una prosperidad que la convirtió en la segunda ciudad de importancia de la Nueva España.

Desde los primeros años se estableció una floreciente industria textil que exportaba lana y seda; en 1542 se comenzó a fabricar vidrio y hacia la mitad del siglo XVI ya se producía cerámica vidriada. El rápido crecimiento de la ciudad atrajo carpinteros, herreros, yeseros, curtidores, cereros y muchos artesanos más, quienes además de proveer las necesidades de los habitantes europeos, supieron crear nuevas expresiones artísticas, que conforman la actual artesanía poblana.

Tibor antiguo de Talavera de Puebla: la forma denota su origen asiático (arriba izquierda)

Acatlán, es uno de los grandes centros alfareros del Estado. Figura fantástica de barro bruñido de Herón Martínez (arriba derecha)

La vajilla de Talavera ha conservado su decoración original desde la época de la Colonia. Puebla (abajo)

Alfarería

La técnica del vidriado de la cerámica —desconocida en tiempos prehispánicos— fue introducida en la Nueva España por algún artesano, o quizás un fraile, avecindado en la recién fundada Puebla de los Ángeles. Hacia 1550 ya se producía loza blanca que imitaba la mayólica española, sobre todo la de Talavera de la Reina y que le dio el nombre con el cual todavía se le conoce. La incorporación de rasgos indígenas, así como de elementos asiáticos copiados de las porcelanas orientales traídas por la nao de la China, hicieron de la Talavera de Puebla un producto único por sus formas y decoraciones.

Las primeras vajillas hechas en la colonia fueron las de talavera blanca con decoración en azul cobalto. Los dos motivos más característicos, y que todavía se acostumbran, son las que presentan una banda sencilla con un ave estilizada en el centro del plato, y la llamada palmeada, por estar formada por hileras de pequeñas palmas.

Junto con las vajillas se comenzaron a producir azulejos, que fueron introducidos en España por los árabes. El uso de azulejos alcanzó un máximo auge en el siglo XVIII, cuando fueron incorporados a la arquitectura. Cúpulas de iglesias, patios, fachadas de edificios civiles y religiosos, fuentes, pilas, todo fue cubierto con los azulejos de talavera que se habían vuelto verdaderas obras de arte. Todavía hoy son ampliamente usados en la arquitectura moderna.

Hay una gran cantidad de objetos, tanto utilitarios como decorativos, que se fabrican en cerámica de Talavera. De particular interés son los tibores, cuya forma y decoración muestran clara influencia oriental, y los candeleros, platones y lebrillos decorados con flores, hojas y figuras inspirados en la cerámica europea.

Las piezas de alfarería más calificadas de Izúcar de Matamoros son los grandes árboles de la vida, obras de Aurelio Flores (izquierda)

Particularmente bellas son las imágenes religiosas de barro negro muy bruñido. Acatlán (derecha)

Esencialmente poblana es la vajilla de manzanita, caracterizada por una cenefa formada con pequeños dibujos en verde, café, negro y amarillo que decora la orilla de los platos. Además de la Talavera, se fabrica loza vidriada simple: jarros, cántaros, cazuelas y otros enseres para uso doméstico.

De gran importancia es la manufactura de artículos de barro bruñido, cuyo centro de producción es Acatlán, pueblo alfarero ya famoso en la época prehispánica. Generalmente, las piezas son de color bayo o rojo; también se trabaja el barro negro, que cuando está cocido y bruñido alcanza un esplendor metálico. Entre estos cientos de artículos, llaman la atención las enormes figuras formadas por animales superpuestos y adornados de volutas; los árboles de la vida, bastante más estilizados que los que se elaboran en Metepec, Estado de México, las enormes macetas en forma de animales, las maquetas de iglesias y las preciosas vírgenes.

También Izúcar de Matamoros es importante por su alfarería, y aun cuando su producción es de menor volumen, es altamente calificada; en especial sobresalen los candeleros y los copaleros de colores muy brillantes, pintados con pintura de aceite.

Textiles

Los grupos indígenas que habitan la sierra de Puebla han conservado su antigua tradición textil, y hasta nuestros días elaboran una gran cantidad de originales prendas. Generalmente son piezas de lana negra, azul oscuro, o en color natural. Para las mujeres hay rebozos y quechquemilt —los más famosos son los de Teziutlán y Hueyapan—, enredos, faldas y ceñidores, de brillantes colores, todos recubiertos con flores, aves y motivos geométricos bordados en punto de cruz. Para los hombres hay jorongos, cotorinas, morrales, sarapes y cobijas hechos en telar de pie, con decoración en colores sobrios entretejida en la tela.

En algunos pueblos se continúan tejiendo huipiles de algodón en telar de cintura.

En el estado se produce una enorme variedad de camisas, generalmente de manta o calicot; las masculinas son muy sencillas, mientras que las femeninas presentan todo tipo de bordados y deshilados. Las más originales son las que tienen toda la parte superior y las mangas recubiertas con chaquira, formando figuras de aves y flores. Otra técnica muy peculiar, exclusiva de la zona, es la que consiste en ensartar chaquira en

un hilo que se trabaja con ganchillo; estos encajes se aplican en camisas y vestidos.

En Cuetzalan se elaboran enormes tocados de lana en color morado que las mujeres usan para festividades especiales. En el mismo pueblo —caso único en el país—, los hombres usan ceñidores de algodón tejidos en telar de cintura y bordados con lentejuela; los hombres también llevan ceñidores blancos, en telar de cintura, bordados en los extremos y rematados con borlas en rojo.

Últimamente han adquirido gran demanda las artesanías elaboradas al estilo huichol, por ejemplo collares, aretes, anillos, cinturones y bolsitas totalmente recubiertas de chaquira de colores, así como los Ojos de Dios, hechos con estambre comercial.

Joyería

En Amozoc se producen bellísimas espuelas de plata o de acero pavonado con incrustaciones de oro o plata; botonaduras para trajes de charro, medallas cinceladas y repujadas y aretes que semejan sillas de montar en miniatura, todos en plata.

Hermosísimas espuelas de plata y oro ricamente cinceladas y repujadas. Amozoc (arriba)

De la más pura tradición indígena son estos quechquemitl y morral, de Pantepec (cetro)

Camisa de tipo tradicional, cuyo bordado está hecho parcialmente a máquina. Chachahuautla (abajo izquierda)

Quechquemitl de algodón bordado con lana en punto de cruz, típico de San Pablito Pahuatlán (abajo derecha)

Incomparable marco de hojalata cincelada y repujada, obra de Xochitiotzin. Puebla (arriba)

Monumental espejo con marco de madera tallada. Puebla (abajo)

Metal

Cuando la corona española prohibió a los naturales usar los metales preciosos, los ingeniosos artesanos poblanos dedicaron su habilidad a trabajar la hojalata; el resultado es que hasta la fecha se fabrican exquisitos artículos en hojalata cincelada y repujada como marcos para espejos o pinturas, candeleros, flores y charolas, y también palmerines y flores de estaño.

Madera

El tallado y pintado de máscaras de madera proviene de la época prehispánica; actualmente continúan usándose en las fiestas del santo patrón del pueblo.

Pero el verdadero trabajo importante en madera es la manufactura de muebles. Esta artesanía surgió de la tendencia de los conquistadores a reproducir los objetos cotidianos a que estaban acostumbrados y de allí que sean copias, o estén inspiradas en los antiguos muebles españoles. Los artesanos poblanos, aún imitando las formas europeas, supieron crear verdaderas obras de arte con el uso de la marquetería; mesas, arcones, bargueños, bancas presentan espléndidas incrustaciones de hueso, concha, metal, carey, o maderas de diferentes colores. Entre las piezas menores destacan los marcos y las cruces de madera tallada.

Fibras vegetales

Además de la cestería tradicional de tule, vara, carrizo y palma, aquí se usa un tipo de fibra llamado jonote, para hacer cunas y bolsos. La palma pintada sirve para fabricar manteles individuales y con la raíz del pezmo (un helecho gigante) se tallan macetas y otros artículos con figuras zoomorfas.

Renglón aparte merece el papel amate que, como se sabe, no es papel, sino corteza de un árbol, machacada y tratada con una técnica prehispánica. A diferencia de otros lugares, en el estado de Puebla no se acostumbra pintarlo, sino que sobre una hoja de amate café oscuro se pegan figuras del mismo material en color crema, casi blanco; entre la población campesina estos cuadritos se emplean con fines mágicos para conseguir una cosecha abundante, de preferencia cuando siembran chile.

Hace pocos años se ha comenzado a tejer la fibra de la cactácea conocida comúnmente con el nombre de órgano, que tanto abunda en el estado, para elaborar carpetas, portavasos y otros objetos de uso moderno.

Vidrio

Precisamente en Puebla fue donde se elaboró por primera vez el vidrio en América. El horno de leña que en 1542 instaló el español Rodrigo Espinoza, en la calle del Venado (hoy 5 Norte), tuvo un éxito inmediato y pronto comenzaron a surgir otros talleres que convirtieron a Puebla en la única productora de vidrio del Nuevo Mundo. En pocos años los productos poblanos no sólo eran usados en toda la colonia, sino que también se exportaban a Guatemala y Perú; en su mayoría eran botellones, vinateras, redomas y vasos de vidrio blanco, azul y verde.

El vidrio plano y el cristal se comenzaron a producir en 1838 pero, debido a dificultades técnicas, la industria no tuvo mucho éxito. Fue a raíz de que se implantó la técnica del vidrio prensado, que la artesanía del vidrio volvió a tener gran demanda, sobre todo porque en Puebla se fabricaban cacarizas, chivos, tornillos y otras medidas usadas para el consumo del pulque y el tepache. Actualmente, además de los tarros y vasos, se producen juguetes, ensaladeras, saleros, botellones, jarras, etc.; particularmente apreciadas son las copas de diamante.

Además del vidrio prensado, en Puebla se trabaja también el vidrio estirado, con el cual se hacen bellísimas miniaturas.

Lapidaria

Una artesanía muy particular del estado de Puebla es el trabajo del ónix, llamado localmente tecalli. Las ricas minas que se encuentran en la porción sur del estado proporcionan la materia prima, que desde época prehispánica fue usada para la manufactura de objetos de adorno sumamente apreciados por la infinita paciencia de los artesanos, que a falta de instrumentos de metal, los trabajaban en forma rudimentaria.

Actualmente, con la aplicación de técnicas modernas, los objetos de tecalli están al alcance de todos y se ha multiplicado el uso de este precioso material. Se fabrican entre otros objetos, mesas, columnas, juegos de café, fruteros, ceniceros, candeleros, pisapapeles, además de juegos

Canasta que los indígenas de Cuetzalán usan al igual como cuna o para cargar mercancías (arriba derecha)

En el estado de Puebla el papel amate se decora con figuras de significado mágico-religioso. San Pablito Pahuatlán (arriba izquierda)

La producción más típica es el vidrio verde prensado (abajo)

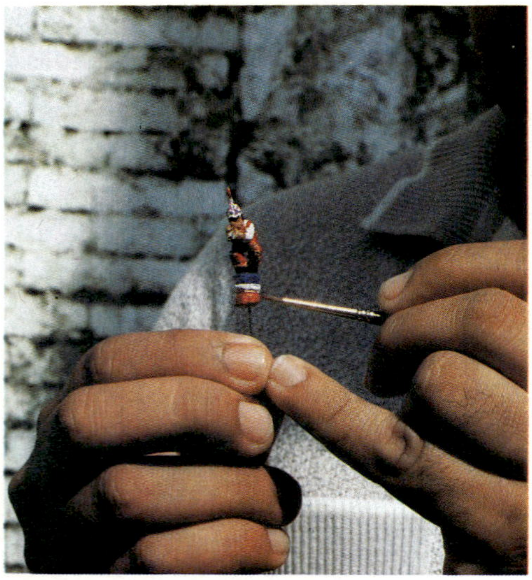

Con el ónix se hacen bellísimos juegos de café. Tecali (arriba)

Las manos del artesano sirven para apreciar el tamaño de la miniatura en madera. Cuetzalán (centro)

La palma pintada sirve para hacer juguetes y miniaturas. Chigmecatitlán (abajo)

de ajedrez, exquisitos por su contraste de colores, y joyas: collares, aretes, pulseras, etcétera.

Un trabajo de piedra de gran auge en el estado es la cantera labrada, que se usa para revestimiento de edificios, columnas, fuentes y fachadas. También se hacen metates y molcajetes con figuras zoomorfas.

Papel

Se trabaja con gran habilidad el papel picado, que en su mayoría sirve para hacer banderitas y festones con los cuales se adornan las calles y las iglesias en ocasiones de las festividades religiosas. De uso bastante reciente es la manufactura de manteles redondos o rectangulares y las tarjetas navideñas.

Las flores de papel crepé y las de papel de estaño son muy buscadas para la decoración de interiores.

Cerería

Lo más destacado es la fabricación de velas blancas escamadas y adornadas con tiras de colores de papel de estaño.

Miniaturas y juguetes

La costumbre de hacer miniaturas viene desde la época prehispánica, como lo demuestra la cantidad que de ellas se han encontrado en las exploraciones arqueológicas. En todo el territorio de lo que fue mesoamérica se ha mantenido esta tradición, pero Puebla es especialmente rica en la manufactura de miniaturas que se elaboran con los más variados materiales. Hay figuritas hechas de pasta de azúcar amasada con aceite de almendras dulces, conocidas con el nombre de alfeñiques; hay viejitos, brujas y mulitas realizadas con hojas de maíz; animalitos hechos de barro, de palma, de tecalli o de vidrio, caballitos de cartón y otros muchos ejemplares producto de la fantasía de los artesanos.

Muy curiosas son unas figuritas de 2 cm de altura, que representan a los danzantes de Cuetzalán, hechas en hueso o en madera de cedro y vestidas con retazos de tela de algodón. Entre los juguetes, destacan las graciosas reproducciones de cocinas antiguas completas, que incluyen platitos con los guisos típicos.

Poblaciones que producen artesanías	
Acatlán	Alfarería color negro, bayo y rojizo, árboles de la vida, figuras zoomorfas y loza utilitaria.
Ajalpan	Cestería de carrizo.
Altepexi	Enredos, quechquemitl, morrales y ceñidores de lana, en telar de cintura. Camisas de algodón bordadas a mano. Cestería de carrizo.
Amozoc	Espuelas de plata y de acero pavonado, botonaduras de plata para trajes de charro. Joyería y miniaturas de plata. Árboles de la vida, de barro. Cantera labrada.
Aquixtla	Loza de barro rojizo con negro. Lapidaria. Enredos, quechquemitl, ceñidores, morrales de lana, en telar de cintura.
Atla	Quechquemitl de algodón en telar de cintura. Morrales de manta bordados.
Atlixco	Joyería de plata, frenos y espuelas.
Coacuquilla	Camisas de algodón bordadas a mano.
Cuautempan	Textiles y cestería.
Cuetzalán	Enredos, quechquemitl, ceñidores y morrales de lana o algodón, en telar de cintura. Tlacoyales. Miniaturas de danzantes, de hueso o madera. Máscaras de madera tallada. Canastos de jonote. Gabanes, manteles y servilletas bordadas a mano.
Chigmecatitlán	Miniaturas de palma de colores.
Chignahuapan	Loza de barro rojo vidriada. Enredos, ceñidores y morrales, en telar de cintura. Sarapes, cobijas y suéteres de lana, en telar de pie.

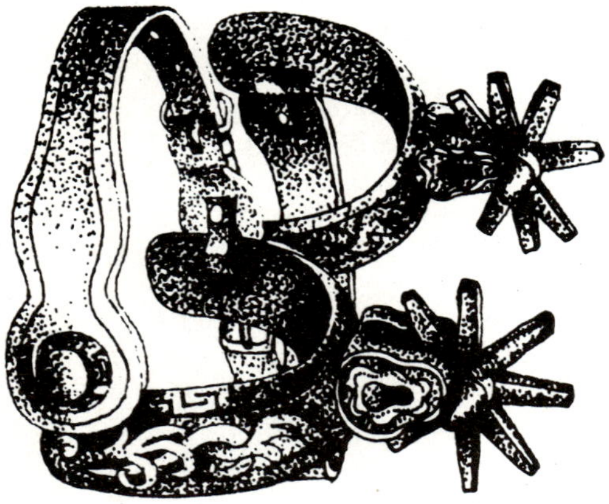

Emilio Carranza	Enredos, rebozos y quechquemitl bordados en punto de cruz, y de lana, negros, hechos en telar de cintura.
Huahuaxtla	Loza de barro rojo poroso. Soportes zoomorfos de barro para apoyar el comal.
Huaquechula	Piezas de barro ceremoniales. Papel picado.
Huauchinango	Quechquemitl de algodón en telar de cintura. Camisas bordadas a mano.
Huehuetla	Figuras de barro zoomorfas. Huaraches. Flores de papel. Velas bellamente escamadas. Artículos de cuerno.
Huejotzingo	Sarapes, cobijas y tapetes de lana en telar de pie. Máscaras de madera tallada. Muñecas vestidas con trajes típicos.
Hueyapan	Enredos, camisas, rebozos y morrales de lana, en telar de cintura, y bellamente bordados en punto de cruz.
Huicalapixtla	Rebozos y quechquemitl de algodón en telar de cintura. Camisas bordadas a mano.
Ixtolco de Morelos	Cestería.
Izúcar de Matamoros	Árboles de la vida y barro utilitario.
Las Garzas	Macetas y figuras zoomorfas de tallos de helechos.
Magdalena	Camisas de algodón bordadas a mano.
Matlahuacales	Dominós, juguetes y cucharas de madera.
Mixteca	Jarciería. Cestería.
Naupan	Camisas bordadas en máquina.

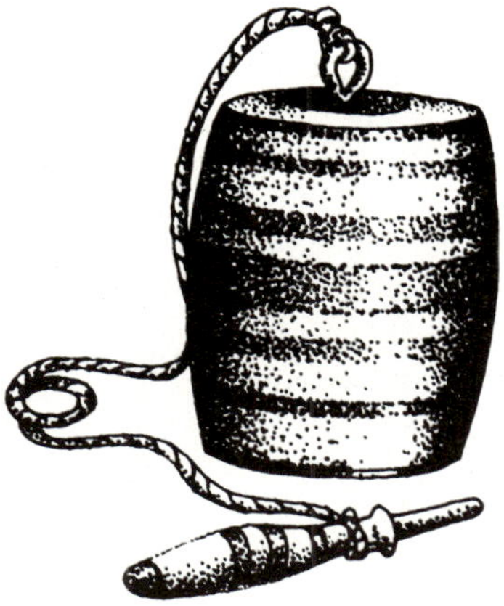

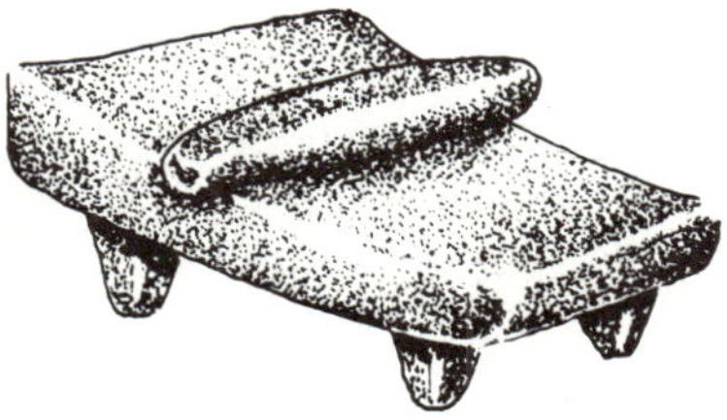

Nauzontla	Camisas bordadas a mano. Arcones de madera.
Nuevo Necaxa	Quechquemitl y morrales de manta bordados a mano.
Olintla	Loza utilitaria de barro. Ceñidores de lana en telar de cintura. Velas escamadas.
Pantepec	Quechquemitl y ceñidores de lana realizados en telar de cintura. Faldas de algodón bordadas en máquina.
Puebla	Talavera. Barro vidriado. Vidrio prensado y estirado. Hojalatería artística. Lapidaria. Madera tallada. Flores de papel. Ónix. Miniaturas de barro, de hoja de maíz, madera y palma. Títeres. Caballitos de cartón. Cáscaras de nuez, avellana y de piñón con miniaturas dentro.
Romero Rubio	Soportes de barro zoomorfos para comales. Loza de barro.
San Andrés Ticuila	Teponaxtles y tambores.
San Andrés Zacatlán	Talabartería. Muebles rústicos de madera. Sarapes y cobijas de lana, en telar de pie. Loza utilitaria de barro.
San Gabriel Chilac	Cestería de carrizo.
San Jerónimo Ocotitlán	Vajillas vidriadas. Loza utilitaria de barro.
San José Miahuatlán	Huipiles de algodón, en telar de cintura. Huipiles bordados.
San Juan Tejupa	Camisas bordadas.
San Marcos	Loza utilitaria de barro, vidriada.
San Martín Texmelucan	Manteles y camisas bordados. Loza utilitaria de barro. Velas escamadas. Bastones de madera tallados. Figuras de hoja de maíz. Muebles de madera.

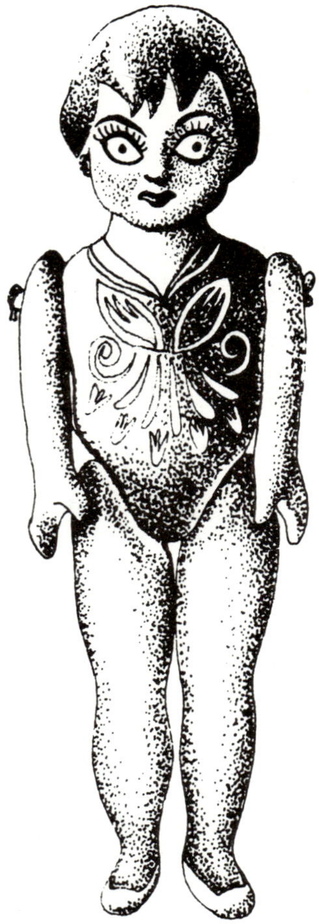

San Miguel Canoas	Camisas de algodón bordadas a mano
San Miguel de las Ollas	Vajillas vidriadas y loza utilitaria de barro.
San Miguel Tenango	Loza utilitaria de barro, soportes zoomorfos para comal. Rebozos, enredos, ceñidores y morrales de lana, en telar de cintura. Camisas de algodón bordadas a mano.
San Miguel Zinacapan	Cestería de jonote.
San Pablito Chachahuantla	Enredos, morrales y ceñidores de lana, en telar de cintura. Camisas bordadas a mano.
San Pablito Pahuatlán	Enredos, quechquemitl, ceñidores y morrales de lana, en telar de cintura. Camisas de algodón bordadas con chaquira. Cordones de lana con chaquira. Ojos de Dios. Papel amate. Collares, anillos, pulseras y aretes de chaquira, rebozos.
San Pedro Petlacotla	Cristos de fibras.
San Salvador El Seco	Metates y molcajetes.
San Salvador Huixcolotla	Papel picado.
San Sebastián Zinacantepec	Quechquemitl de lana en telar de cintura.
Santa Catarina Tlaltempan	Manteles individuales de palma. Cestería de carrizo. Miniaturas de palma.
Santa Cruz Zahutla	Loza utilitaria de barro. Soportes zoomorfos para comales.
Sierra Nevada	Loza utilitaria de barro vidriado. Muebles de madera de enebro entablerados.
Tecali	Artículos de ónix.
Tehuacán de las Granadas	Artículos de ónix. Reproducciones de carretas y barcos de madera. Cestería de carrizo. Camisas de algodón bordadas a mano.

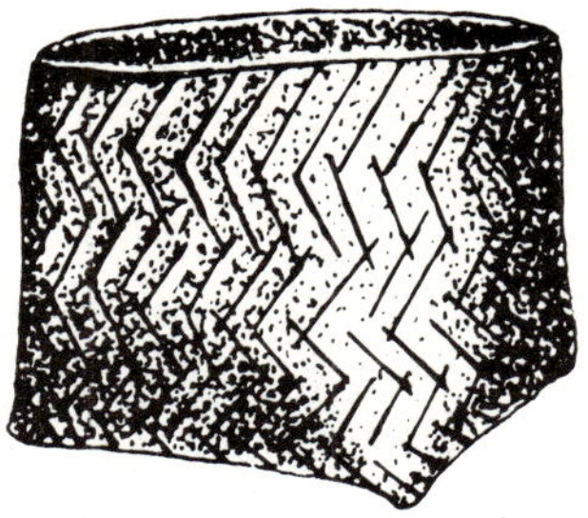

Lugares de venta de artesanías

CUETZATLAN. Museo de Arte Popular Calmaniztic.
Artesanía y Cultura Popular, PNAIP, INS, 2 de abril No. 3.

CUETZALÁN DEL PROGRESO. Museo Arqueológico y Etnográfico de Cuetzalán.
Histórico Local, del Ayuntamiento, Palacio Municipal de Cuetzalán.

PUEBLA. Casa de la Cultura.
Actividades Culturales. Av. 5 Oriente entre 16 de Septiembre y 2 Sur.
Museo Cerámico de Sta. Rosa.
Calle 3 Norte 1201 Esq. con 14 Poniente.
Museo de Arte Colonial y Religioso de Sta. Mónica.
Histórico y Artístico Local INAH., 18 Poniente No. 105.
Museo de Arte J. L. Bello
Artístico Estatal, Sria. de Cultura del Edo., Calle 3 Poniente No. 302.
Museo de Arte Popular, o Museo de Santa Clara.
Artesanías del Edo. En el Exconvento de Sta. Clara.
Museo de las Artesanías y Folklore Regionales.
Artesanías del Edo. Calle 40 Oriente (barrio del artista).
Museo Regional de Puebla y Tlaxcala.
Histórico Regional Anexo al Auditorio de la Reforma, Av. de los Puentes.
Museo Regional del Estado.
Casa de Alfeñique, Histórico, Calle 4 Oriente No. 416.

Tehuitzingo	Loza de barro.
Tenexco	Huipiles de algodón o de lana, en telar de cintura.
Tenextatiloyan	Loza de barro vidriado.
Tepeaca	Rebozos, enredos, ceñidores y morrales de lana, en telar de cintura. Ónix y mármol.
Teteles	Rebozos, huipiles, cotones y gabanes de lana, en telar de cintura y de pie.
Texcalac	Artículos de ónix.
Tlatlahuqui	Joyería de plata.
Villa de Allende	Colchas y manteles de lana o algodón, en telar de cintura y de pie.
Xalacapa	Enredos, gabanes, ceñidores y morrales de lana, en telar de cintura. Manteles y servilletas de algodón bordadas a mano.
Xochitlán	Loza utilitaria de barro poroso.
Xolotla	Quechquemitl de algodón y morrales, en telar de cintura. Camisas bordadas a mano.
Zacapoaxtla	Ceñidores y morrales de lana, en telar de cintura. Camisas de algodón bordadas a mano.
Zacatlán	Loza utilitaria de barro poroso.
Zapotitlán	Artículos de ónix.

Morelos

Su clima incomparable, la fertilidad de su suelo y los numerosos ríos fueron el incentivo para que desde tiempos remotos varios grupos humanos se asentaran en el territorio que actualmente conforma el estado de Morelos. Los hallazgos arqueológicos demuestran que por el año 1000 a. C., los habitantes de la región ya elaboraban una alfarería de muy alta calidad y posteriormente aprendieron a tejer el algodón, alcanzando una bien merecida fama. Cuando los aztecas conquistaron los valles morelenses impusieron a sus pobladores un fuerte tributo, que comprendía un número importante de las hermosas mantas que ellos confeccionaban.

De estas antiquísimas artesanías quedan pocas manifestaciones, conservadas por los indígenas de habla nahua que habitan el noreste del estado. Pero las antiguas tradiciones han dado origen a manufacturas nuevas, acordes con las necesidades de la vida moderna. Por ejemplo, son de origen antiguo los artículos elaborados con fibras vegetales y los trabajos de madera que, sin embargo, encuentran su mejor expresión en la fabricación de muebles, artesanía netamente colonial al igual que la talabartería.

Donde la artesanía de Morelos sobresale es en la producción de artículos creados para satisfacer las exigencias y los gustos actuales, productos que, por otra parte, han encontrado una óptima aceptación entre los turistas nacionales y extranjeros que frecuentan el estado.

Vajilla con decoración inspirada en los diseños de los amates. Cuernavaca (arriba derecha)

Muy elegantes son las macetas con palomas, realizadas en cerámica vidriada totalmente blanca. Cuernavaca (izquierda)

En Tlayacapan, recientemente se ha instalado un alfar de cerámica de alta temperatura (abajo derecha)

Alfarería

La antigua tradición alfarera casi ha desaparecido, salvo por la elaboración de pocas piezas utilitarias de barro poroso, figuritas para la celebración del Día de Muertos y una amplia producción de bellas macetas y macetones.

Tlayacapan es un centro productor de loza vidriada o roja, lisa y con decoración pintada o labrada al molde, entre la cual destaca una bonita vajilla roja, pintada con pequeñas flores blancas y hojas negras. En el mismo pueblo se ha instalado un alfar de alta temperatura, que produce vajillas decoradas con una banda en cobalto o en café.

La escasez de alfarería tradicional se compensa por el auge en la elaboración de cerámica moderna: hay más de 2000 alfares en el estado, de los cuales aproximadamente 50 están ubicados en la capital. Se fabrican tazas, vajillas, floreros, centros, jarras, platones, figuras, macetas, etc. La producción en general no es muy variada, pero hay algunos talleres que han sabido dar a sus piezas un sello personal ya sea en las formas o en la decoración. Por ejemplo, hay un alfar que hace una cerámica verde cuyas vajillas, centros, juegos de café, tienen forma de rana, botaneros anaranjados adornados con conchas marinas y macetas cuadradas de porcelana blanca con figuras de palomas en la orilla, en el mismo taller se producen vajillas, cajitas y figuras de porcelana tipo Limoges. Otro taller se destaca por la decoración pintada en sus piezas, cuyos diseños de palomas y flores multicolores recuerdan las pinturas sobre amate.

Textiles

Hueyapan y Tetela del Volcán son las únicas localidades donde se ha conservado la tradición textil y todavía se tejen sarapes, rebozos, enredos y ceñidores de lana.

En Cuernavaca y sus alrededores se confeccionan vestidos y blusas de algodón o de gasa bordados. Abunda el tejido de gancho, que las mujeres campesinas ejecutan con gran habilidad y luego llevan a vender a los grandes centros urbanos, también es abundante la producción de artículos de algodón tejidos en macramé: bolsos, morrales, maceteros para colgar, cinturones, cigarreras, etcétera.

Lindo nacimiento estilizado en cerámica decorada. Cerámica Santa María, Cuernavaca (arriba)

Vestido de algodón estampado a mano. Cuernavaca (abajo)

Jorongo de Hueyapan (abajo derecha)

En la misma ciudad hay un taller que hace magníficas cambayas gruesas para tapicería y telas de algodón estampadas a mano.

Madera

La fabricación de muebles coloniales tanto de pino como de cedro está muy difundida en el estado. Los artesanos de Huitzilac se han especializado en la producción de muebles rústicos de madera de bolón, combinada con alambrón; en la talla de casas en miniatura hechas de las espinas del árbol del pochote y en el tallado de máscaras, que también se hacen en muchos otros pueblos.

Fibras vegetales

Entre los artículos tradicionales destacan los huaraches de ixtle que se usan en Hueyapan, la cestería de Tetelcingo, las figuras y canastas de palma, las jaulas de carrizo y los abanicos de paja.

Una artesanía creada recientemente es la fabricación de muebles de ratán y de bambú, que han encontrado un éxito inmediato.

Metal

Se producen muebles de jardín de hierro fundido y hojalatería artística, pero la producción

"Última Cena" de concepción modernísima, hecha con metales casados sobre una tabla de madera. Comunidad de Emaus, Santa María Amacatlán (arriba)

El sol y la luna se miran de frente en esta originalísima obra de Emaus. Santa María Amacatlán (abajo izquierda)

La comunidad de Emaus se ha especializado en el trabajo artístico de los metales. Bellísimo sol de latón cincelado y repujado. Santa María Amacatlán (abajo derecha)

más interesante es la artesanía creada por la Comunidad de Emaús, en el poblado de Santa María Ahuacatitlán en las afueras de Cuernavaca. Las piezas son de diseño moderno, muy originales en la concepción y en la elaboración, ya que utilizan diferentes metales combinados para hacer pies de lámparas, espejos, soles, cadenas, dijes, esculturas y bellísimas placas cinceladas y repujadas, con motivos religiosos.

Piel

La piel es usada principalmente para artículos de tipo tradicional en el ámbito rural: sillas de montar, morrales, cinturones, huaraches, sandalias, asientos, etcétera.

Lapidaria

Tanto en Cuernavaca como en diversos pueblos de la entidad se talla la cantera para hacer fuentes, barandales, capiteles, figuras y adornos para jardín.

Papel

Tetela del Volcán es famoso por su trabajo en papel picado.

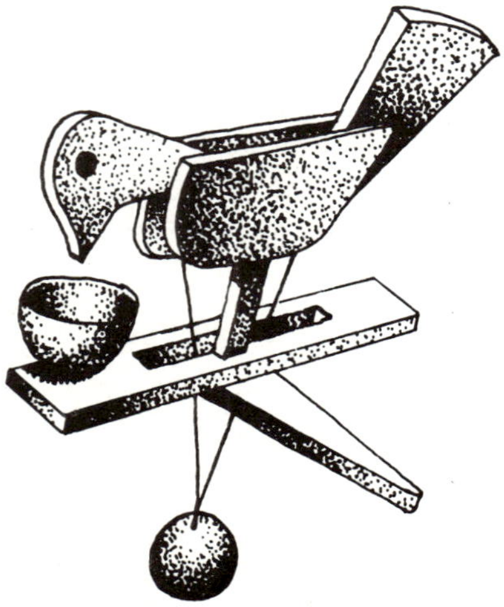

Poblaciones que producen artesanías	
Acatlipa	Cerámica.
Amacuzac	Muebles de madera. Talabartería.
Amayuca	Macetones de barro.
Cuautla	Macetones de barro. Muebles coloniales de madera de enebro. Cestería y figuras de palma. Sandalias de ixtle. Jaulas y abanicos de carrizo.
Cuernavaca	Porcelana. Cerámica. Alfarería. Ropa y manteles bordados a mano. Vestidos y blusas tejidas con gancho. Telas de algodón estampadas a mano. Telas gruesas para tapicería. Macramé. Muebles coloniales de enebro, banquitos rústicos con asiento de palma. Talabartería. Huaraches. Lapidaria. Joyería de oro y plata.
Huajintlán	Maracas de guaje y güiros. Macramé.
Hueyapan	Enredos, ceñidores y rebozos de lana, en telar de cintura. Blusas de algodón bordadas y deshiladas. Sandalias de ixtle. Muebles rústicos de madera.
Huitzilac	Muebles de madera de bolón con alambrón. Miniaturas de las espinas del pochote.
Jojutla	Talabartería y huaraches.
Jonacatepec	Cestería de palma y paja.
Puente de Ixtla	Hojalatería artística.
San Antón (Cuernavaca)	Alfarería y macetones de barro.
Santa María Ahuacatitlán (Comunidad de Emaús)	Artesanía moderna de plata, latón y alpaca con madera; lámparas, cuadros, temas religiosos.

ANENECUILCO. Museo Casa de Zapata.
Histórico en la Población.

COATETELCO. Museo de Coatetelco.
Histórico de sitio, INAH, en la Población.

CUAUTLA. Museo Casa de Morelos.
Histórico local. Callejón del Castigo No. 1 Plaza Principal.

CUERNAVACA. Casa de la Cultura.
Actividades Culturales. Auditorio Cine Club, etc. Av. Morelos No. 405.

Museo de Medicina Tradicional y Herbolaria.
Plantas medicinales de la Región, jardín Botánico en exposición, INAH. Casa de la India Bonita o de Maximiliano, Calle Matamoros No. 200, Col. Acapatzingo.

Museo Regional Cuauhnahuac.
Histórico, INAH. en el Palacio de Cortés. Frente a la Plaza de Armas.

Museo Taller «David Alfaro Siqueiros».
Artístico INBA., calle Venus No. 7, Col. Jardines de Cuernava.

JANTETELCO. Museo Casa de Matamoros.
Histórico, Gobierno del Edo. de Morelos, en la Población.

TLALTIZAPÁN. Museo Cuartel General.
Histórico. Gobierno del Edo. de Morelos en la Población.

TLAYACAPAN. Museo de Tlayacapan.
Histórico, en la Población, con interesantes piezas de Alfarería.

Temixco	Cantera labrada.
Tepalcingo	Maracas de guajes.
Tepoztlán	Casitas y máscaras de espinas de pochote talladas y caladas. Vasijas y ceniceros de vidrio, decorados y recubiertos de piel. Jarcieria.
Tetela del Monte	Alfarería; predominan los macetones.
Tetelcingo	Enredos, ceñidores y huipiles de lana en telar de cintura. Sarapes y cobijas de lana en telar de pie. Cestería. Jaulas de alambre pintadas y decoradas.
Tilzapotla	Miniaturas del árbol del pochote y del guayabo.
Tlayacapan	Alfarería utilitaria. Vajillas vidriadas. Figuritas de barro para Todos los Santos. Velas escamadas. Vajillas de alta temperatura.
Yautepec	Máscaras de madera tallada.
Zacualpan de Amilpas	Alfarería de barro, de tipo utilitario.

Guerrero

A pesar de que en el estado hay varias comunidades indígenas —amuzgos y nahuas son los grupos más numerosos—, las artesanías tradicionales están sufriendo un rápido deterioro. Fenómeno todavía más notable si se toma en cuenta que las vías de comunicación son pocas, debido a la especial conformación geográfica del territorio, y a que muchos pueblos están asentados en lugares de difícil acceso.

Este relativo aislamiento, que pudiera proteger las artes antiguas, ha propiciado, por lo contrario, el estancamiento en la producción, la cual se limita a cubrir la demanda de los mercados locales. Un claro ejemplo de ello es la alfarería, que se ciñe a reproducir formas prehispánicas de tipo doméstico y que muestra un retroceso comparándola con las cerámicas antiguas; asimismo, los textiles realmente genuinos son pocos, son bastante sencillos y su uso cada día es menor.

En contraste, Guerrero es rico en artesanías que nacieron o se desarrollaron durante la Colonia. El trabajo de cincelado de la piel, las maravillosas lacas de Olinalá, la joyería de Oxtotitlán y, sobre todo, la incomparable platería de Taxco, hacen del estado uno de los más importantes en la calidad de trabajos manufacturados.

Alfarería

La escasez de vías de acceso hace de la alfarería un elemento indispensable en la vida de las comunidades. Aprovechando las arcillas cercanas, en todas partes se elabora cerámica utilitaria, simple, sin vidriar, que conserva las formas prehispánicas y se venden en los mercados locales. Particularmente numerosos son los cántaros y las tinajas, puesto que el clima extremoso y la falta de agua potable obliga a acarrearla y conservarla de la mejor manera posible. Por la misma razón, se producen unas cantimploras de barro, que los campesinos llevan amarradas con cuerdas de fibra.

Otro tipo de alfarería, no sólo bonita, sino sumamente interesante por sus implicaciones culturales, es una cerámica blanca mate —el color se debe a que al barro se le agrega algodón desmenuzado—, con decoración pintada en color rojizo o cafetoso. En recientes exploraciones arqueológicas efectuadas en Olintepec, estado de Morelos, se han encontrado vasijas idénticas colocadas como ofrendas mortuorias de entierros fechados hacia 1500 d. C., lo que quiere decir que los guerrerenses ya elaboraban y exportaban este tipo de cerámica hace cuando menos cuatro siglos y durante todo este tiempo las vasijas no han sufrido cambios ni en la forma ni en la decoración.

Es ahora cuando la cerámica está sufriendo modificaciones, sobre todo por la gran demanda que tiene en el mercado turístico. Junto a las piezas de tipo antiguo se están manufacturando artículos modernos, como platos, fruteros, ceniceros, caballos, leones y figuras de ángeles curiosamente estilizados. También la decoración presenta innovaciones y préstamos culturales; hay una profusión de hojas, flores y animales y se copian los motivos que tradicionalmente se pintaban en el amate, aunque usando solamente el color rojizo.

En Tolimán y otros pueblos cercanos se hacen figuras de reyes y ángeles altos y estilizados, barnizados con pinturas de colores brillantes.

La alfarería de Guerrero ha conservado las formas y decoraciones de la época prehispánica. Acapetlahuaya

Simpático pavo de barro, decorado con pintura roja, típico de la alfarería popular de Guerrero (abajo izquierda)

Cantimplora de barro que los campesinos usan para cargar agua o pulque. San Cristóbal (abajo derecha)

Hermoso huipil de algodón, tejido en telar por las indígenas amusgo de Guerrero (arriba)

Traje de boda usado por las mujeres de Acatlán, realizado por Fidela Rodríguez (abajo)

Textiles

A pesar de los numerosos grupos aborígenes que habitan en el estado, la confección de indumentaria indígena está en franca decadencia.

En algunos pueblos se hacen sarapes y cobijas, y en Acatlán de Guerrero y en Malinaltepec aún se acostumbra tejer enredos de algodón azul marino, que se adornan con grandes rosas bordadas en artisela; las mujeres los usan con una blusa blanca también de artisela brillante.

Las prendas más bellas son las que elaboran los amuzgos, grupo indígena que habita en Ometepec, en los límites de Guerrero y Oaxaca. Las telas, tejidas en telar de cintura, son de algodón de trama delgada con la decoración entretejida o bordada en colores, o están hechas con coyuche, el algodón color café claro que se cultiva en la región. Con las mismas telas se confeccionan manteles y servilletas.

Joyería

Desde tiempos prehispánicos se sabía que el territorio era rico en metales nobles y piedras finas. En la *Matrícula de tributos* aparecen mencionados varios pueblos de la región que debían entregar a los aztecas oro, plata, cobre y piedras semipreciosas. Pero en el siglo XVI, al comenzar la explotación masiva de las vetas de Taxco, es cuando la joyería, y en particular la platería, empieza su increíble desarrollo, alcanzando un esplendor difícilmente igualado en otra parte del mundo.

Es imposible —e inútil en vista de la fama mundial que ha justamente alcanzado la platería de Taxco—, tratar de describir la enorme variedad de productos que se elaboran: basta con decir que se puede encontrar casi cualquier objeto hecho en plata y en otro metal; desde un palillo y las charolas y juegos de té de formas tradicionales, hasta hermosas esculturas originales o copias de piezas famosas, como la Cabeza de Palenque, e inclusive ultramodernas bolsos de noche. Cada artesano trabaja siguiendo su inspiración y cada objeto es una obra de arte.

El gran mérito de los orfebres de Guerrero es que no se han estancado y cada día su fértil imaginación los lleva a experimentar nuevas creaciones. Un ejemplo es el uso de metales «casados», donde el cobre, el latón y la plata

Entre las numerosas artesanías destacan las piezas de metal recubiertas de concha de abulón. Taxco

La platería de Taxco ha alcanzado fama mundial por su alta calidad y belleza de líneas (abajo izquierda)

Guerrero es rico en la producción de oro que se trabaja como joyería y a veces es combinado con piedras finas (abajo derecha)

forman hermosas combinaciones. O el uso de las piedras semipreciosas con las que enriquecen las piezas, sobre todo los aderezos: turquesas, amatistas, lapislázuli y ópalos, que abundan en el territorio, son engarzados en plata en adornos de sumo buen gusto. También combinan los metales con materiales tan diferentes como la madera de palo de rosa, las plumas, la concha nácar y la concha de abulón.

Joyería moderna de plata y turquesas. Taxco (izquierda)

Máscara fantástica de cobre oxidado y pintado con reminiscencias prehispánicas. Iguala. (derecha)

Espléndida máscara de madera tallada y pintada, de Mochitlán (abajo)

En el estado también se trabaja el oro: bellísima es la joyería de Oxtotitlán, donde se elaboran preciosos prendedores, relicarios, aretes y collares, enriquecidos con perlas naturales extraídas del Pacífico. En Iguala se hacen cadenas con oro de diferentes colores, tanto de tipo tradicional como de estilo moderno.

Metales

Además de los metales preciosos hay abundancia de trabajos en otros metales. En hojalatería hay una amplia variedad de productos: lámparas en forma de estrellas, faroles, marcos, charolas, mesitas, candeleros, máscaras, etcétera.

Los machetes y cuchillos más famosos de la república se fabrican en Cualac; su fama se debe a que son los únicos cuyas hojas están cinceladas.

Una artesanía muy singular es la que se ha establecido en el barrio de Guadalupe, en Iguala. Usando chatarra de cobre, se elaboran máscaras sumamente originales y se copian vasijas y cascabeles prehispánicos: las piezas se someten a un proceso de oxidación artificial que les da la apariencia de ser muy antiguas.

Madera y laca

Después de la platería, la artesanía más importante es el laqueado de la madera. Las lacas de Olinalá, cuya tradición se remonta al siglo XVIII, cada día aumentan su fama, ya que los artesanos guerrerenses han sabido adecuarse a los tiempos y aplican sus antiguas técnicas a objetos modernos. Junto con los típicos arcones, jícaras, sonajas y cajitas, ahora producen todo

tipo de muebles, mesas, cabeceras, biombos y marcos. Las mejores piezas son de linaloé, una madera perfumada cuyo delicado aroma, que se conserva por muchos años, impregna lo que la caja tiene; por ello se utilizaba sobre todo para fabricar arcones donde guardar la ropa.

Se usan dos tipos de decoración, muy diferentes pero igualmente bellas: el pintado y el rayado. En el primer caso, sobre la pieza totalmente recubierta de laca —el negro era lo más característico, aunque ya se usan todos los colores—, con un pincel muy fino se pintan paisajes, escenas rurales, iglesias y flores multicolores; destacan los arcones negros con flores y pajaritos pintados en varias tonalidades de ocre con toques dorados.

El rayado se obtiene extendiendo una sobre la otra, dos capas de laca de diferentes colores; en la capa superficial se traza el diseño con una pluma de guajolote y luego se raya, dejando al descubierto la capa inferior que sirve de contraste a las figuras.

En varios lugares se fabrican muebles de tipo colonial o labrados, así como sillones con asiento de vaqueta, además de que se tallan bellísimas máscaras pintadas en colores brillantes.

El palo de rosa es muy usado para hacer ensaladeras, dominós y cajas con incrustaciones de plata.

Fibras vegetales

El mejor trabajo está hecho con la palma, con la que se elaboran sombreros de excelente calidad y unas preciosas canastas grandes, con tapa, decoradas con figuras de animales y aves, entretejidas con palma pintada en colores vivos. Otras canastas y bolsos de mano llevan aplicaciones

Otro ejemplar de la habilidad y fantasía de Jesús Patrón Romano, artesano de Olinalá (arriba izquierda)

Para la decoración de las piezas se usan dos técnicas diferentes, el rayado y el laqueado. Aquí se aprecia un bellísimo arcón rayado. Olinalá (arriba derecha)

En Guerrero tallan entre otros, una amplia variedad de ensaladeras, botaneros, saleros en formas zoomorfas (centro)

Además de la cestería tradicional, en Guerrero se tejen bellas canastas modernas (abajo)

Figuras zoomorfas de piedra verde. Mezcala (arriba izquierda)

Pintura sobre papel de amate. Xalitla (arriba derecha)

Esculturas modernas de fuerte sabor prehispánico. Mezcala (abajo)

de racimos y flores, bordadas con la misma fibra.

Se tejen morrales de ixtle, se confeccionan arreglos de flores secas, collares de semillas, y con el hueso del fruto del coyol se hacen lindos anillos, mientras que con la fibra de coco se fabrican bolsas, alcancías, figuras, máscaras y otros muchos objetos que surgen de la imaginación del artesano.

Recientemente se estableció en Acapulco un taller que se dedica a hacer lámparas de bambú, las cuales han tenido una gran aceptación en el mercado. Y está, finalmente, una artesanía muy especial, que es la decoración de los amates pintados; el amate en realidad se prepara en Puebla, pero luego los artesanos de Guerrero los pintan, logrando cuadros sumamente artísticos.

Lapidaria

Ya en la época del mayor esplendor de Teotihuacan eran sumamente apreciadas las figuras, máscaras y collares hechos de piedra, generalmente serpentina o jadeíta verde, procedentes de la región de Mezcala, Gro. La tradición del tallado de la piedra se ha mantenido viva hasta nuestros días y actualmente se hacen figuras de tipo prehispánico y esculturas decorativas.

Piel

Los guerrerenses son expertos en cincelar la piel. Las fundas para machete y los mangos de cuchillos se encuentran entre las artesanías más famosas del país. Un artículo muy solicitado es el desmontable banquito con asiento de vaqueta cincelada y tres patas de otate. También se confeccionan artículos modernos, como bolsos, monederos y cinturones.

En Chilapa se trabajan los cuernos de los animales vacunos para hacer objetos decorativos combinando el cuerno con plata o alpaca.

Poblaciones que producen artesanías

Acapetlahuaya	Alfarería utilitaria de barro. Máscaras de madera talladas y pintadas. Lacas. Cuadros y máscaras de metal.
Acatlán	Enredos y rebozos de algodón, en telar de cintura. Camisas bordadas a mano. Juguetes de barro policromados.
Ahuacatitlán	Juguetes y animalitos de barro. Máscaras, costureros y charolas de madera, laqueados.
Ajuchitlán	Barro utilitario. Máscaras de madera de colorín pintadas. Jícaras laqueadas. Cuadros y máscaras de plata.
Ameyaltepec	Amates pintados. Figuras de barro.
Ayahualco	Barro vidriado; recipientes para mezcal.
Arcelia	Huaraches.
Arrazola	Figuras zoomorfas de madera, pintadas.
Atzacoalaya	Barro utilitario.
Ayutla	Machetes de acero, grabados.
Buena Vista de Cuéllar	Talabartería. Huipiles de algodón en telar de cintura. Huaraches. Banquitos de madera.
Cacahuamilpa	Arreglos de flores secas. Collares de semillas y bastones de otate.
Ciudad Altamirano	Joyería de oro. Huaraches.
Coacoyul	Barro utilitario. Machetes de acero grabados, con empuñaduras de cuerno.
Cualac	Machetes de acero con mangos de cuerno, vaqueta o madera.

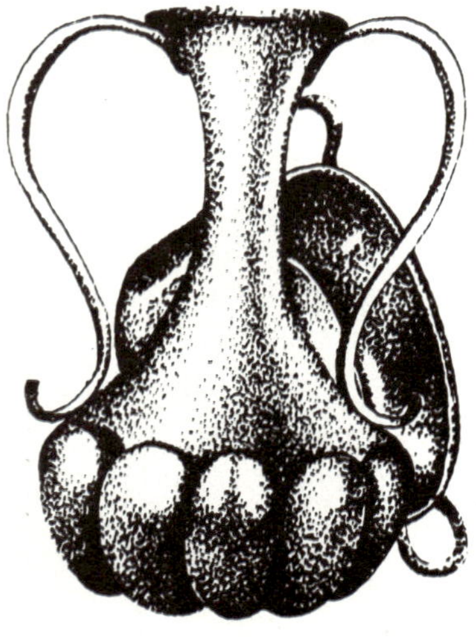

Chacalapa	Huipiles de algodón en telar de cintura.
Chaucingo	Barro utilitario. Máscaras de madera de colorín, pintadas. Cuadros y máscaras de plata. Jícaras laqueadas.
Chilapa	Barro vidriado utilitario. Rebozos de algodón en telar de cintura. Cestería. Collares de semillas. Machetes curvos de acero, cincelados. Máscaras de madera talladas y pintadas. Mangos de cuerno, madera y vaqueta. Morrales de ixtle.
Iguala	Barro utilitario. Joyería de oro. Madera tallada.
Igualapa	Talabartería. Instrumentos musicales. Madera tallada.
Ixcateopan	Ropa de algodón bordada a mano. Muebles de madera de enebro.
Magdalena Zacualpan	Barro utilitario. Máscaras de madera de colorín, pintadas. Jícaras laqueadas. Máscaras repujadas de cobre.
Malinaltepec	Sarapes y cobijas de lana en telar de pie.
Metlatonoc	Huipiles de algodón en telar de cintura.
Minas	Huipiles y blusas de algodón en telar de cintura.
Mochitlán	Máscaras y jícaras laqueadas.
Olinalá	Muebles de madera taraceados y artículos de madera de linaloé, laqueados.
Ometepec	Barro utilitario.
Oxtotitlán	Joyería de oro.
Petatlán	Barro utilitario.

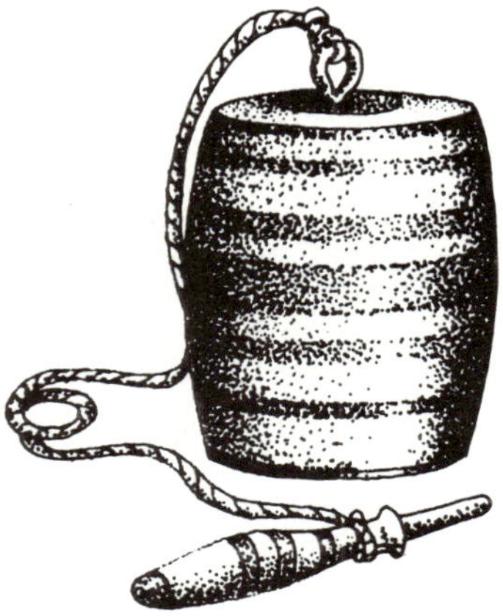

Ramos	Barro utilitario y juguetes de barro.
Rancho Zapote Negro	Huipiles de algodón en telar de cintura.
San Agustín	Barro utilitario.
San Agustín de las Flores.	Figuras de barro.
San Agustín Huapan	Figuras estilizadas de barro color ocre y rojizo.
San Agustín Oapan	Figuritas de barro decoradas.
San Cristóbal	Figuras de cuerno. Barro utilitario. Máscaras de madera, pintadas.
San Marcos	Figuras de cuerno.
San Miguel Huapan	Figuras estilizadas de barro, color ocre y rojizo.
San Pedro Quiatoni	Huipiles de algodón en telar de cintura. Joyería de plata martillada.
Santa Cruz de Juventino Rosas	Juguetes de barro y madera.
Taxco	Muebles de madera de enebro. Joyería de oro y plata. Vajillas de palo de rosa. Dominós con incrustaciones de plata. Vestidos bordados.
Tecamalacingo	Muebles taraceados y laqueados.
Tecpan de Galeana	Barro utilitario. Machetes de acero grabados. Empuñaduras de cuerno, vaqueta o madera.
Teloloapan	Máscaras de madera tallada y pintada. Juguetes y animalitos de barro. Cestería de trigo. Sonajas y costureros laqueados.
Tetipac	Muebles de madera de enebro.
Tiringueo	Barro utilitario. Máscaras de madera talladas y pintadas. Jícaras y

Lugares de venta de artesanías

TAXCO. Casa Figueroa.
Museo de Artesanías y antigüedades en la Ciudad. Domicilio conocido.

MUSEO HUMBOLDT.
Histórico, calle Juan Ruiz de Alarcón.

MUSEO GUILLERMO SPRATLING.
Arqueológico Regional, calle Porfirio Delgado No. 1.

	charolas laqueadas. Máscaras de plata o cobre.
Tixtla	Loza utilitaria de barro.
Tlacoachixtlahuaca	Huipiles de algodón en telar de cintura. Huipiles y blusas de algodón de coyuche, en telar de cintura. Empuñaduras de cuerno y vaqueta para machetes y cuchillos.
Tlamacazapa	Cestería de palma. Máscaras de madera talladas y pintadas.
Tlapa	Loza utilitaria de barro. Máscaras de madera talladas y pintadas. Jícaras y charolas laqueadas.
Tlapehuala	Loza utilitaria de barro. Sombreros de palma.
Tlacahuan	Loza utilitaria de barro y cántaros zoomorfos.
Tonalapan	Máscaras de madera y figuras zoomorfas.
Tulimán	Loza utilitaria de barro. Cántaros antropomorfos. Amates pintados.
Xalitla	Loza utilitaria de barro y animales color ocre y rojo. Amates pintados.
Xochistlahuaca	Huipiles de algodón en telar de cintura, manteles y servilletas.
Zacualpan	Loza utilitaria de barro. Huipiles de algodón en telar de cintura.
Zumpango del río	Loza utilitaria de barro.

Oaxaca

La mayor parte de la enorme producción artesanal del estado de Oaxaca es de origen prehispánico; recordemos que en ese territorio vive el mayor número de grupos indígenas de todo el país: mixtecos, amuzgos, mixes, chatinos, huaves, mazatecos, triques, zapotecos y otros muchos, quienes forman un mosaico de lenguas y costumbres que han sufrido poca alteración a través de los siglos. La orografía, tan accidentada y diversificada que comprende desde las altas cumbres de la Sierra Madre, los valles y los llanos, hasta la cálida costa del Pacífico, forma un obstáculo natural a la integración de los grupos étnicos, lo que propicia que cada uno de ellos haya mantenido su particular acervo cultural.

Las grandes ciudades arqueológicas —Monte Albán, Mitla, Yagul, Zaachila, por nombrar sólo las más famosas— necesitaban de una cantidad infinita de objetos tanto de uso diario como ceremonial: así, desde tiempos remotos, la imaginación de los artesanos fue sometida a un constante estímulo creador que hizo que los productos oaxaqueños fueran altamente cotizados en toda mesoamérica.

Después de la conquista, los artesanos aplicaron algunas técnicas europeas, como el torno y el vidriado de la cerámica, o el telar de pie, empero, en lo referente a alfarería y textiles, no aceptaron el gusto extranjero y su producción siguió siendo indígena.

La joyería, en cambio, sí evidencia la fuerte influencia española. Oaxaca es uno de los pocos lugares de mesoamérica donde se trabajaban los metales preciosos, una muestra de ello es el incomparable tesoro encontrado en la Tumba 7 de Monte Albán y de ahí que a los artífices indígenas les fuera fácil asimilar los modelos importados, creando de esta manera una de las joyerías más bellas de México.

Alfarería

Siguiendo la antigua tradición alfarera, en docenas de pueblos de esta zona se produce cerámica utilitaria que tiene gran aceptación, especialmente entre la población autóctona que prefiere ésta a los productos industriales. Hay ollas, cántaros, jarras, cazuelas, tinajas para enfriar agua, macetas y muchos objetos más para uso diario. Están hechos con diferentes arcillas de color bayo, anaranjado, rojizo, café y negro, en color liso o decorados en brillantes colores, de barro natural o vidriado. En fin, una enorme variedad que es imposible describir en detalle. En su mayoría, los artesanos siguen los modelos prehispánicos y todavía se usan, por ejemplo, los «patojos», unos recipientes para agua en forma de pie que los mesoamericanos utilizaban por el año 1000 a.C.

Graciosas miniaturas de animales tocando instrumentos, conocidas con el nombre de musiquitos. Atzompan (arriba)

Loza vidriada en color verde oscuro, típica de Atzompan (abajo)

Entre la alfarería de barro destaca la que se produce en San Bartolo Coyotepec. Las piezas, después de ser cuidadosamente bruñidas, son puestas a cocer en un horno que se cierra tapando todos los resquicios: el denso humo satura la arcilla, que adquiere un intenso color negro con brillo metálico. Aunque su origen fue una cerámica utilitaria, actualmente, por su gran belleza, la alfarería de Coyotepec se compone casi exclusivamente de objetos de adorno, así como enormes cántaros y botellones usados como pies de lámpara, cruces, candeleros, campanas, figuras zoomorfas, miniaturas, sirenas, collares y ollitas para el mezcal.

La cerámica vidriada de Atzompa, de color verde y con decoración al pastillaje, es también muy conocida. En las piezas de uso diario sobresalen las jarras para el chocolate y los grandes apaxtles de fondo plano conocidos como «loza de compromiso», pues se usan para cocinar en ocasión de bodas y fiestas religiosas. Junto a las formas tradicionales, se elaboran otras de clara influencia europea como los juegos de café, las copitas para licor y las jarras decoradas con racimos de uva y cisnes. Destacan los «musiquitos», miniaturas de animales que tocan un instrumento, también son muy conocidos los «animales para chía», figuras zoomorfas, generalmente borregos, cuya parte inferior es porosa: se recubren de semillas de chía que con la humedad producida por el agua vertida dentro de él, germinan en pocos días simulando el vello del animal.

En el mismo pueblo se elaboran las figuras de barro natural creadas por la ya desaparecida Teodora Blanco. Son representaciones femeninas o de animales, profusamente recubiertas de flores y otros elementos, en pastillaje y sin pintar, con una imaginación y espontaneidad que hacen de estas figuras objetos sumamente apreciados, sobre todo en el extranjero.

Originarios de Tonaltepec, aunque actualmente se producen en el pueblo de Río Blanco, son unos cántaros altos de barro color bayo, cuya decoración consiste en vidriado chorreado de color muy oscuro.

Varios tipos de vajillas son fabricadas en Oaxaca. La más comercial es la que está decorada con grandes margaritas blancas sobre fondo café claro, y de reciente creación son las llamadas Mitla y Monte Albán, decoradas con cenefas que forman grecas y otros diseños copiados de los monumentos arqueológicos.

Para terminar esta breve reseña de la riqueza alfarera de Oaxaca, es necesario señalar la producción del taller fundado hace 30 años por la también finada Clotilde Schondube, una mexicana de origen alemán, gran experta en artesanías: objetos utilitarios de tipo moderno, tarros, platos botaneros, saleros en forma de gallos o gallinas estilizadas, salseros, dulceros y campanas, cuyo interior está vidriado en blanco mientras que el exterior lleva una graciosa decoración de florecillas y mariposas sobre fondo mate color rosa, azul, blanco y verde.

Textiles

La variedad de textiles artesanales es tanta en esta región del país, que su descripción ameritaría una publicación íntegra, lo que rebasa los límites de este breve resumen. En la imposibilidad de describir todas las maravillas que salen de las manos de los artesanos oaxaqueños, de una manera somera se hablará de este arte cuyo origen está en épocas remotas y se ha trasmitido de generación en generación.

Como ya se dijo, en Oaxaca habitan cientos de miles de indígenas que sólo en parte han aceptado las costumbres modernas, en la indumentaria siguen fielmente las antiguas tradiciones. Cada uno de los grupos étnicos continúan usando sus trajes, que son tejidos y bordados por las mujeres. Por esto, no sólo los estilos son diferentes, sino que cada artesana expresa su gusto personal y no es exagerado decir que difícilmente se encuentran dos prendas idénticas.

Hacen enredos, faldas, rebozos, ceñidores, morrales y camisas, además del huipil —el típico atuendo femenino—, que aquí alcanza su máxima expresión. Las telas varían y van desde muy gruesas hasta ligeras como redes —como las de los amuzgos—, sencillas o labradas con bellos diseños entretejidos. Los bordados son de todo tipo y color; a veces, recubren totalmente la tela y otras son pequeñas miniaturas esparcidas en la prenda; hay flores, aves, figuras humanas y zoomorfas, diseños geométricos y fantásticos. Están trabajadas en punto de cruz, de tapiz y otros más, generalmente elaborados con hilo de algodón, estambre de lana o seda que los mismos indígenas cultivan. La huella europea se nota en las grandes rosas y en el uso de olanes, listones de vivo color. Sólo

Cada figura creada por Teodora Blanco es la expresión de un mundo fantástico lleno de alegría. Atzompan (arriba)

Cerámica moderna de fuertes colores mates e interior blanco vidriado. Oaxaca (centro)

El traje de fiesta de la tehuana nacio durante la colonia; es de terciopelo bordado a mano y el tocado es un vestidito de niño español de la época. Tehuantepec (abajo)

Un huipil muy exclusivo de las indígenas mazatecas. Ayautla (arriba)

También este huipil fue hecho en Jalapa de Díaz (centro)

El estado de Oaxaca es donde se produce la mayor variedad de huipiles: aquí un precioso ejemplar de Rancho Choapan (abajo)

Detalle del bordado de un traje de «tacuate» usado por hombres de un grupo indígena de la Mixteca. Santa María Zacatepec (abajo derecha)

viéndolos es posible apreciar la infinita gama de huipiles que se confeccionan en la región.

En Oaxaca también se teje la lana y es famosa la producción de Teotitlán del Valle, donde se hacen bellos sarapes, tapetes, quechquemitl, morrales y cojines. Las mujeres triques, por razones climáticas, hacen sus huipiles de lana blanca entretejida con colores.

Algunos grupos han adoptado el uso de vestidos que también bordan primorosamente: los más conocidos son los trajes de las tehuanas y los vestidos de San Antonino, que tienen la parte superior recubierta con cientos de pequeñas y coloridas flores.

Pero la producción textil no se limita a elaborar prendas tradicionales, se ha actualizado y con antiguos implementos como el telar de cintura o el de pie, se hacen artículos modernos: colchas, manteles, servilletas, telas para cortinas y telas de lana para tapicería.

Collares de plata y coral rematados con la típica cruz de Yalalag (arriba)

De origen español es el trabajo de la filigrana de oro y de plata (centro)

Bellísima joyería de oro y plata oxidada, cuajada de diamantes y perlas. Oaxaca (abajo)

Joyería

En tiempos prehispánicos, la región de Oaxaca era uno de los pocos lugares donde se trabajaban los metales preciosos. Los indígenas fueron maestros en el laminado, repujado y en la técnica de la cera perdida; con todos ellos crearon piezas de belleza única.

Los españoles trajeron nuevos instrumentos y técnicas que los orfebres adoptaron de inmediato, porque les facilitaban sus labores, además, se sintieron atraídos por los modelos importados y comenzaron a imitarlos, aunque sin perder su propia individualidad y, junto con copias de piezas españolas, crearon otras más afines al gusto autóctono.

En plata fabrican bellos relicarios, copia fiel de los españoles, pero también elaboran joyas con fuerte sabor indígena, como las famosas cruces de Yalalag que las mujeres de ese pueblo han incorporado a su indumentaria tradicional.

Hay anillos, prendedores, aretes y aderezos de plata o de oro blanco, cuajados de diamantes o de topacios blancos de gusto muy europeo, pero también se encuentran collares y aretes de coral adornados con animalitos de plata repujada, que testimonian el gusto sencillo del indígena.

Sobresale la filigrana de oro y de plata, trabajada siguiendo una técnica europea que difiere completamente de la «falsa filigrana» de algunas joyas prehispánicas, asimismo, se hacen espléndidos collares, aretes, cruces, rosarios, anillos y pulseras, muchas veces combinados con perlas, corales o turquesas.

La antigua técnica de la cera perdida sólo se usa ahora para realizar copias en oro o en plata dorada, de las bellas joyas prehispánicas encontradas en la región.

Pero la viva imaginación de los orfebres desborda el límite de los patrones fijos y cada día se crean joyas con nuevos conceptos estéticos. Un caso concreto es la joyería moderna de oro de baja ley que se produce en Juchitán y en Tehuantepec.

Metalurgia

Al aprender la forja del hierro, los artesanos oaxaqueños demostraron una vez más su innato sentido artístico y crearon un arte que se reflejó en las exquisitas rejas y balcones de los palacios coloniales y ahora en canceles, rejas, balaustra-

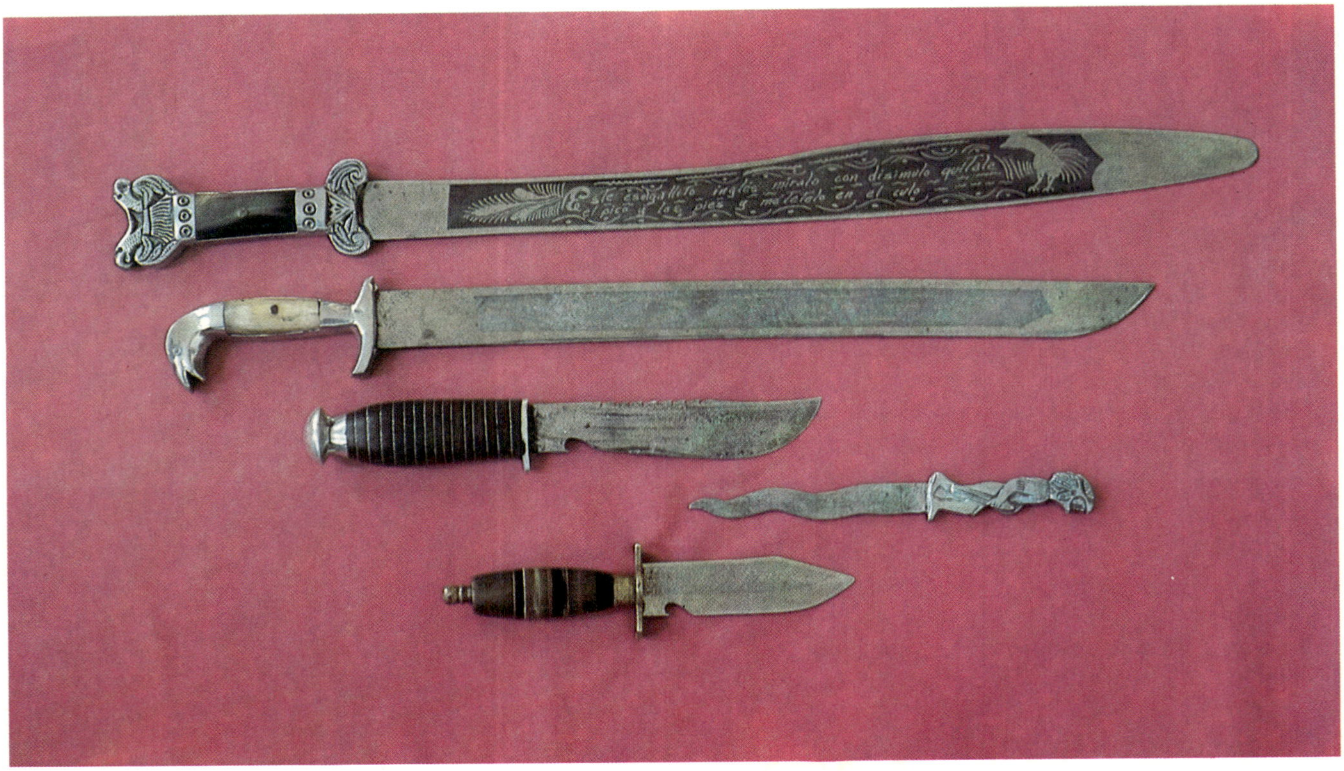

Desde 1750 se estableció en Ejutla, una fábrica de cuchillos y machetes con leyendas alusivas grabadas en la hoja (arriba)

Además de los metales preciosos se trabaja en forma magistral la hojalata, como se aprecia en este hermoso marco (abajo izquierda)

Tambor tallado en madera envejecida artificialmente y recubierta con cal, usado en las ceremonias ancestrales. Oaxaca (abajo derecha)

De tipo más moderno son las tallas de madera pintada, que encuentran gran demanda entre los turistas extranjeros (arriba)

Simpáticos animalitos de madera pintados con alegres colores. Arrazola (centro)

Las máscaras, talladas en madera son verdaderas composiciones cuyo simbolismo se pierde en el tiempo (abajo)

das, candiles, candeleros, chapas y herrajes. En Ejutla se estableció desde 1750 una fábrica de cuchillos y machetes de fierro cromado, con leyendas grabadas en la hoja. Los mangos son de cuerno, de asta o pata de venado; las fundas son de vaqueta cinceladas.

En la vasta producción de objetos de hojalata y de latón destacan los adornos utilizados en Navidad, hechos de hojalata recortada y pintada, asimismo, los marcos de latón repujado.

Madera

Al igual que en muchos otros lugares, en Oaxaca se fabrican muebles y arcones de tipo colonial. Imitando las antiguas figuras religiosas españolas, también se tallan vírgenes —principalmente copias de las más veneradas en el estado—, cargadas de pintura dorada y con una pátina de falsa antigüedad. Se reproducen, además, todo tipo de animales y se tallan delicados nacimientos, pintados con colores industriales.

Pero el trabajo más singular es la talla de máscaras, tambores y candeleros. Con una técnica especial se envejece la madera, que toma un color grisáceo y luego se le aplica una mano de cal, las piezas elaboradas de esta manera son

En todo el estado hay una vasta elaboración de artículos de fibras vegetales (izquierda)

Una artesanía muy especial es la elaboración de coronas, estrellas, adornos y figuras hechas de flores siemprevivas (derecha)

verdaderas esculturas, ya que el motivo central está acompañado por múltiples figuras de animales, así como por motivos grotescos, seguramente reminiscencias de un significado mágico-religioso, hoy olvidado.

Fibras vegetales

En la región de la Mixteca oaxaqueña prácticamente toda la población está dedicada a la elaboración de objetos de palma: se produce una gran variedad de cestería y sobre todo sombreros que tienen un vasto mercado nacional; entre los artículos de uso reciente son muy apreciados los tortilleros de palma bordados con estambre de colores.

Además de la palma, se aprovechan diversas fibras vegetales para hacer canastas: muy típicos son los colotes, especie de canastos grandes que sirven para empacar mercancías. Con el ixtle elaboran hamacas, bolsas para el mandado, sandalias, morrales y reatas. Entre los productos de carrizo destacan las encantadoras jaulas en forma de iglesias y los nacimientos hechos con fibras y pintados en alegres colores. Combinando las semillas de varias plantas crean collares y aretes y con las flores llamadas siemprevivas confeccionan estrellas, coronas y otros adornos muy usados en las ceremonias religiosas.

Una curiosidad de Oaxaca son las esculturas creadas con enormes rábanos frescos que se exhiben la noche del 23 de diciembre y que representan temas religiosos o humorísticos y han sido hechas con incomparable habilidad.

Piel

Hay aquí una abundante producción de artículos de piel: huaraches, zapatos de gamuza, monederos, cinturones y bolsos de piel de venado. También se fabrican fundas para cuchillos y machetes pero en vaqueta, y de llamar la atención son los morrales bordados con hilo que se hacen en Miahuatlán. Tlaxiaco es famoso por la confección de chamarras.

Cerería

La producción de cera es poca pero muy bella, especialmente lo son las velas escamadas y adornadas con flores de papel de estaño.

Miniaturas y juguetes

Además de los ya mencionados «musiquitos» de barro vidriado verde, que se hacen en Atzompa, y las figuritas de hojalata recortada, se elaboran juguetes y miniaturas con todo tipo de barro, madera y palma. Particularmente vistosas son las muñecas de estambre de Mitla.

Poblaciones que producen artesanías

Arrazola	Nacimientos y figuras de madera tallada, pintados con colores muy fuertes.
Atzompa	Loza de barro verde, vidriada. Loza de barro rojo porosa y figuras al pastillaje, color bayo. Animales con la cabeza vidriada y el cuerpo poroso para germinar semilla de chía.
Betaaza	Blusa y falda de algodón blanco con ceñidor de seda natural color magenta, todo en telar de cintura.
Cuilapan	Huipiles de algodón coyuche. Máscaras de madera talladas y pintadas.
Chilapa	Collares de semillas.
Ejutla	Machetes, cuchillos y dagas, grabados al ácido, con leyendas.
Guichicovi	Enredos de algodón teñidos con tinte de caracol, en telar de cintura.
Huajuapan de León	Cestería y sombreros.
Huazolotitlán	Huipiles de algodón en telar de cintura. Juguetes de barro color bayo.
Huitepec	Huipiles, morrales y ceñidores de algodón, en telar de cintura.
Ipalapa	Huipiles, colchas, manteles y servilletas de algodón, en telar de cintura.
Ixtaltepec	Loza utilitaria elaborada en barro color bayo.
Ixtayutla	Trajes masculinos y huipiles bordados de algodón, elaborados en telar de cintura.
Jalapa de Díaz	Enredos de algodón (Pozahuanco) teñidos con caracol, en telar de cintura.

Jamiltepec	Huipiles de lana o algodón en telar de cintura. Juguetes de barro.
Jilotepec	Huipiles, ceñidores y morrales de algodón, en telar de cintura.
Juchitán	Joyería de oro. Blusas y faldas de algodón bordadas en máquina. Hamacas de ixtle o algodón. Cestería. Cántaros y juguetes de barro rojo poroso.
Juquila	Huipiles y enredos de algodón o de lana, en telar de cintura.
Mechoacán	Enredos en algodón teñidos con caracol, en telar de cintura.
Miahuatlán	Talabartería y zapatos de gamuza.
Mitla	Rebozos, quechquemitl, morrales de lana en telar de cintura. Vestidos y blusas de gancho. Huipiles bordados a mano. Muñequitos de lana.
Nixistlán	Loza de barro poroso color bayo.
Oaxaca	Copias de joyería prehispánica en oro y plata. Joyería moderna de oro y plata con piedras preciosas y perlas. Filigrana. Hojalatería artística. Flores de papel de estaño. Telas, manteles y colchas en telar de pie. Vajillas de barro vidriado. Morrales y zapatos de gamuza. Cuchillería.
Ocotlán de Morelos	Copaleros de barro pintados. Cuchillería.
Ojitlán	Huipiles de lana o algodón, en telar de cintura.
Pinotepa de don Luis	Enredos de algodón (Pozahuanco) en telar de cintura y una tela comercial de algodón, bordada y ribeteada con listones que se usa en cabeza y hombros.
Pinotepa Nacional	Pozahuancos en telar de cintura. Huipiles y camisas bordadas. Tocados de lana.

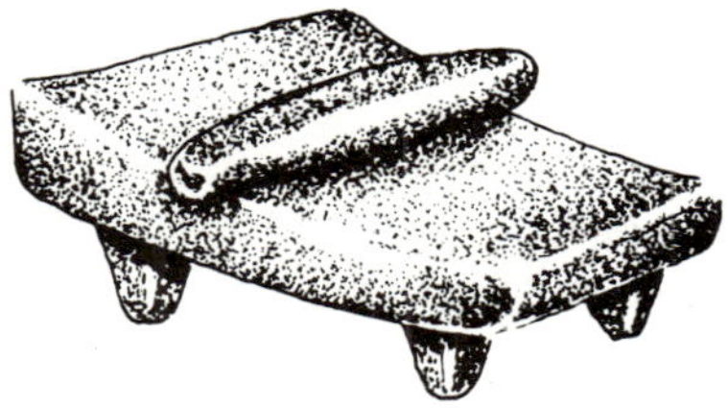

Putla	Huipiles de algodón en telar de cintura. Cestería, máscaras de madera tallada y pintada; trabajos de hojalata.
Río Blanco	Cántaros de barro color bayo, chorreados, con vidriado en tono más oscuro.
San Andrés Chicahuaxtla	Huipiles, ceñidores y morrales de lana o algodón, en telar de cintura.
San Andrés Teotilalpan	Huipiles, ceñidores y morrales de algodón, en telar de cintura.
San Antonino	Vestidos de algodón bordados a mano. Nacimientos y gran variedad de figuras elaboradas con flores «inmortales».
San Bartolo Coyotepec	Loza de barro negro bruñido. Huipiles de algodón en telar de cintura.
San Bartolo Yautepec	Huipiles de algodón en telar de cintura.
San Blas Atempa	Loza de barro, ollas y tinajas para enfriar agua.
San Esteban Atatlahuaca	Huipiles, morrales y ceñidores de algodón, en telar de cintura.
San Felipe Usila	Huipiles, morrales y ceñidores de algodón y de lana, en telar de cintura.
San Juan Acatlán	Huipiles, morrales y ceñidores de algodón o lana, en telar de cintura.
San Juan Colorado	Manteles, servilletas de algodón, huipiles y ceñidores de lana, en telar de cintura.
San Juan Copalá	Huipiles, morrales y ceñidores de algodón o lana, en telar de cintura.
San Juan Cotzocón	Huipiles, morrales, ceñidores de lana o algodón, en telar de cintura.
San Juan Guelavía	Cestería de carrizo y artículos de otate.

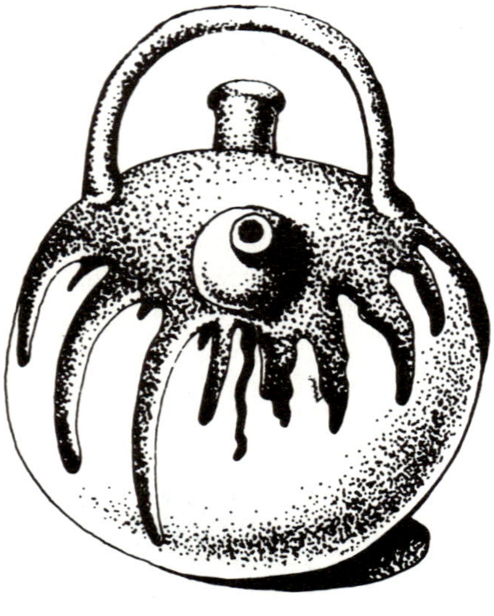

San Juan Mazatlán	Huipiles, morrales y ceñidores de lana o de algodón, en telar de cintura.
San Marcos de Villa Alta	Máscaras de madera tallada y pintada.
San Martín Intuyoso	Manteles y servilletas, en telar de pie. Huipiles, morrales, ceñidores de algodón o lana, en telar de cintura.
San Mateo del Mar	Manteles y servilletas en telar de pie; huipiles, enredos, ceñidores, morrales y camisas bordadas, en telar de cintura.
San Miguel Achutla	Cestería de carrizo.
San Miguel Panixtlahuaca	Huipiles, enredos, morrales y ceñidores de lana o algodón, en telar de cintura.
San Pedro Acatlán	Huipiles, enredos, morrales y ceñidores de lana o algodón, en telar de cintura.
San Pedro Amuzgos	Huipiles, manteles, servilletas y rebozos de algodón, en telar de cintura.
San Pedro Gregorexe	Huipiles, ceñidores, morrales de lana o algodón, en telar de cintura.
San Pedro Jicayan	Loza decorada, de barro rojo.
San Pedro Quiatoni	Joyería de plata estilo antiguo. Huipiles, morrales y ceñidores de lana o algodón, en telar de cintura.
San Sebastián Peñoles	Enredos, huipiles, morrales, ceñidores de lana o algodón, en telar de cintura.
Santa Catarina Estetla	Enredos, huipiles, ceñidores y morrales de lana y algodón, en telar de cintura.
Santa Cruz Nundaco	Huipiles y rebozos de lana o algodón, en telar de cintura.
Santa Cruz Tepetotutla	Huipiles, morrales, rebozos, ce-

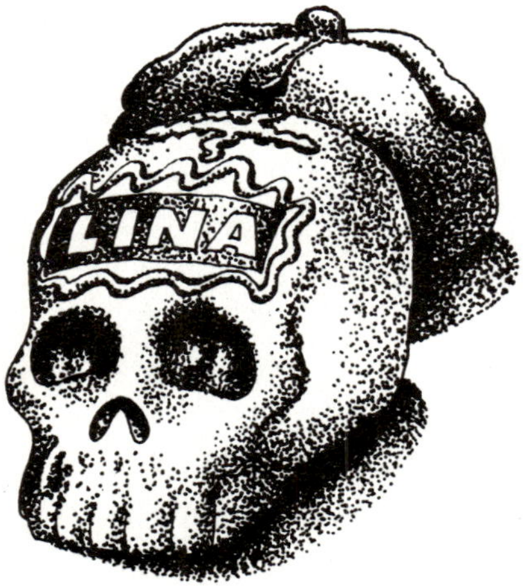

	ñidores de algodón o lana, en telar de cintura.
Santa María Mixistlán	Enredos y tocados de lana, en telar de cintura.
Santa María Cuquila	Huipiles y morrales de algodón, en telar de cintura.
Santa María Zacatepec	Trajes para hombre elaborados en telar de cintura y profusamente bordados.
Santiago Choapan	Enredos, huipiles, morrales y ceñidores de lana o algodón, en telar de cintura.
Santiago Nuyoo	Huipiles, enredos, morrales y ceñidores, de lana o algodón, en telar de cintura.
Santiago Tetepec	Enredos, huipiles, morrales y ceñidores de lana o algodón, en telar de cintura.
Santiago Yosondua	Cestería de carrizo y palma.
Santo Domingo Chicahuaxtlahuaca	Huipiles, enredos, morrales y ceñidores de lana o algodón, en telar de cintura.
Santo Tomás Jalieza	Colchas, tapetes, morrales y ceñidores de algodón, en telar de cintura.
Santo Tomás Mazaltepec	Telas de algodón bordadas, para trajes, y ceñidores de lana, en telar de cintura.
Santo Tomás Ocotepec	Cotones, rebozos, ceñidores y morrales de lana, en telar de cintura.
Sierra de Juárez	Cruces de plata, relicarios y adornos para el tocado.
Siniyubi	Textiles de algodón y de lana; trajes masculinos bordados.
Tabeo de Zoocho	Loza de barro poroso color naranja y juguetes de barro pintados.

Lugares de venta de artesanías

C. IXTEPEC. Casa de la Cultura.
Actividades Culturales. Calle 16 de Septiembre S/N.

COIXTLAHUACA. Casa de la Cultura.
Actividades Culturales. Independencia No. 23.

CUICATLÁN. Casa de la Cultura.
Actividades Culturales. Domicilio Conocido.

HUAJUAPAN DE LEÓN.
Actividades Culturales. Calle Colegio Militar y A. de León.

IXTLÁN DE JUÁREZ. Casa de la Cultura.
Actividades Culturales. Domicilio Conocido.

JUCHITÁN DE ZARAGOZA. Casa de la Cultura.
Actividades Culturales. Colón esquina Juárez.

MATÍAS ROMERO. Casa de la Cultura.
Actividades Culturales. Domicilio Conocido.

NOCHISTLÁN. Casa de la Cultura.
Actividades Culturales. Domicilio Conocido.

OAXACA. Escuela de Bellas Artes de la Universidad.
Ex-convento de San José. Actividades Culturales. Frente a la Basílica de la Soledad.

POCHUTLA. Casa de la Cultura.
Actividades Culturales. Calle 5 de Mayo y Progreso.

SALINA CRUZ. Casa de la Cultura.
Actividades Culturales. Domicilio Conocido.

SOLA DE VEGA. Casa de la Cultura.
Actividades Culturales. Domicilio Conocido.

SANTIAGO JUXTIAHUACA. Casa de la Cultura.
Actividades Culturales. Domicilio Conocido.

TEHUANTEPEC. Casa de la Cultura.
Actividades Culturales. Calle Guerrero y Guadalupe Victoria.

Tehuantepec	En el barrio de Vishana se hacen figuras de barro rojo poroso al pastillaje pintadas con oro, llamadas tanguyus, cántaros, macetones y piezas zoomorfas. Trajes bordados a mano. Joyería de oro. Cestería. Hamacas de ixtle, algodón y artisela. Jícaras laqueadas. Instrumentos musicales y butacas con asiento de vaqueta.
Teotitlán del Valle	Sarapes, tapetes, rebozos y morrales de lana tejidos en telar de pie y de cintura. Máscaras de madera tallada y pintada. Velas escamadas.
Tepeaca	Rebozos, ceñidores, morrales de lana o algodón, en telar de cintura.
Tepenixtlahuaca	Enredos y huipiles de lana o algodón, en telar de cintura. Enormes tocados negros de lana.
Tetepelcingo	Ropa para varones, de algodón blanco o con rayas blancas y azules, en telar de cintura.
Tilcajete	Figuras de madera tallada.
Tlahuitoltepec	Cobijas de lana en telar de pie.
Tlaxiaco	Sacos y morrales en piel de venado. Cestería de palma.
Tonaltepec	Cántaros de barro color bayo, chorreados, con vidriado café oscuro.
Tutultepec	Enredos de algodón en telar de cintura.
Yacochi	Huipiles de algodón en telar de cintura.
Yaganiza	Huipiles de algodón en telar de cintura.
Yalalag	Huipiles y enredos de algodón, en telar de cintura. Tocados negros de lana. Joyería tradicional de plata.

TEOTITLÁN DE FLORES MAGÓN. Casa de la Cultura.
Actividades Culturales. Domicilio Conocido.

TLAXIACO. Casa de la Cultura.
Actividades Culturales. Calle Héroes No. 11.

TUXTEPEC. Casa de la Cultura.
Actividades Culturales. Domicilio Conocido.

Yogocochi	Huipiles de algodón, en telar de cintura.
Yosonicaje	Huipiles de algodón, en telar de cintura.
Yucunicoco	Huipiles de algodón, en telar de cintura.

Chiapas

La artesanía chiapaneca es de raíces profundamente indígenas. Aunque durante la colonia se construyeron en la región algunas ciudades con marcadas características españolas, entre ellas la señorial San Cristóbal de las Casas, la huella europea en las manufacturas es muy débil.

Los numerosos grupos autóctonos que viven en el territorio —chamulas, tzeltales, tzotziles y lacandones, entre otros—, que son los grandes proveedores del mercado artesanal, no incorporaron influencias extrañas a su diario vivir. Las diferencias étnicas y lingüísticas, el carácter sumamente conservador de las diferentes comunidades son barreras que han frenado la penetración de nuevas ideas. Inclusive un arte tan español como la herrería, en las manos de artífices nativos insensiblemente asume un aspecto indígena.

Esta falta de integración ha permitido que algunas artesanías se conserven intactas.

Los textiles sobreviven, con toda la inmensidad de su belleza y de su gran variedad de producción.

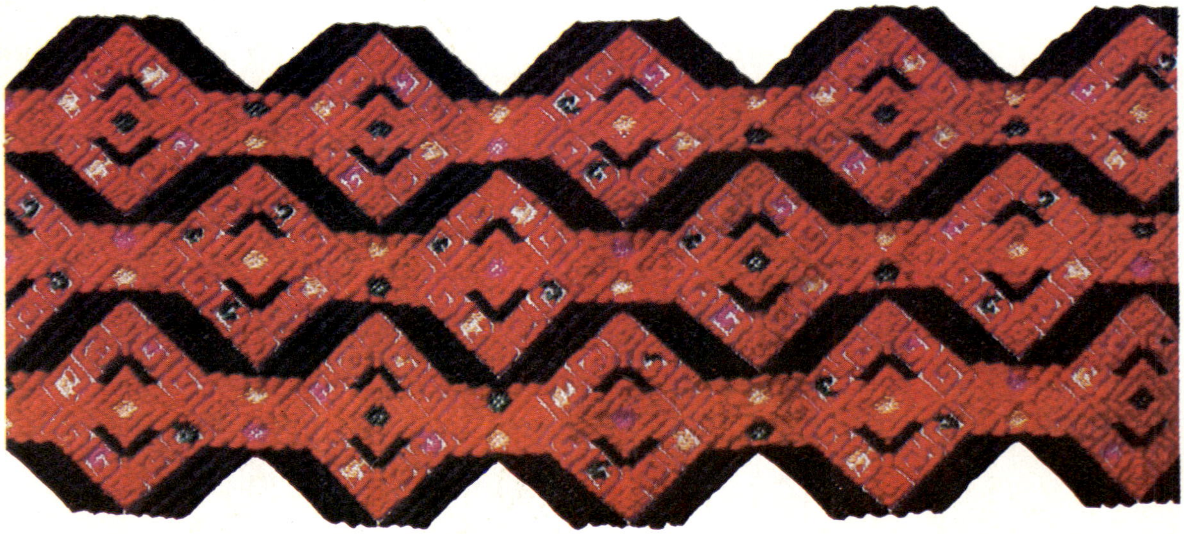

La alfarería es una artesanía que está desapareciendo rápidamente en Chiapas. Entre la escasa producción sobresale la de Amatenango, de barro poroso con decoración en color café (arriba)

Alfarería

Al comparar la escasa producción alfarera actual con la pingüe cerámica hallada en las excavaciones arqueológicas, se ve claramente como esta manufactura cuyas raíces eran muy antiguas se ha ido perdiendo.

Se produce en la región alfarería para uso diario: ollas, cazuelas, comales, etc., de barro poroso, sin vidriar y de formas antiguas. La única cerámica interesante es la que se fabrica en Amatenango del Valle: todavía se ve a los alfareros amontonar las piezas y quemarlas a cielo abierto. Es de color bayo con decoración de grecas, líneas, flores y guías de hojas en color café rojizo o negro; las formas más características son grandes cántaros y las recientemente creadas figuras de animales.

A lo largo del camino que de Tuxtla Gutiérrez sube a San Cristóbal, hay algunas alfarerías que producen grandes cántaros. En estos últimos años en que se ha realizado un apreciable esfuerzo para revivir la manufactura, se instaló un taller que comienza a producir mayólica gris con cenefa azul, así como vajillas de barro vidriado sin decoración.

Vajilla de alta temperatura producida en el nuevo alfar de San Cristóbal de las Casas (centro)

Cántaro de barro poroso decorado al pincel. Amatenango (abajo izquierda)

Un juguete, un copalero y una alcancía de barro pintado. Amatenango (abajo derecha)

Huipil de algodón tejido en telar de cintura y bordado con lana hilada a mano. Chenalhó (arriba izquierda)

Juana Valente es una de las pocas indígenas que todavía confeccionan huipiles de algodón azul marino, bordados con artisela de colores brillantes. Venustiano Carranza (arriba derecha)

De clara influencia española es el traje de tul bordado con grandes rosas de vivos colores de las mujeres de Chiapa de Corzo (abajo)

Textiles

El apego de los grupos indígenas a su indumentaria tradicional ha permitido que la incomparable riqueza textil de Chiapas llegue casi sin alteraciones hasta nosotros.

Al igual que en el caso de los textiles de Oaxaca, es imposible describir ni siquiera en mínima parte la cantidad de huipiles, trajes, camisas, ceñidores, fajas, rebozos, jorongos, morrales y gabanes que se elaboran en el estado.

En su mayoría, las telas son de algodón o de lana y están hechas en telar de cintura; hay gran variación, desde gruesos tejidos, hasta finísimos tules y encajes. La decoración también es sumamente variada, ya que sigue el patrón estético de las raíces mágico-religiosas que se conservan en cada grupo étnico. Además, algunas aportaciones modernas, como el uso de hilos y listones de artisela, aumentan el colorido de las prendas.

Ante la dificultad de resumir toda la belleza de la indumentaria chiapaneca, señalaremos algunos ejemplares muy interesantes: destacan entre los huipiles los que se confeccionan en Pantelhó hechos con gruesa tela de algodón blanco y recubiertos con bordados de lana en color café, amarillo y negro; los hombres del mismo pueblo usan unos anchos ceñidores de algodón y lana roja o guinda con rayas blancas. Los trajes de las mujeres de San Bartolomé de los Llanos —hoy Venustiano Carranza—, son de algodón azul marino con camisas bordadas con lana y artisela de vivos colores.

Los rebozos más típicos, llamados perrajes, son de lana, con rayas de color fuerte y borlas Particularmente hermosos son los huipiles de Ocozocuautla, confeccionados con tela finísima, como encaje de hilo blanco, trabajada en pequeños bastidores.

Las mujeres de Chiapas de Corzo, a su vez, usan unos atuendos de evidente origen español, en tul negro bordan enormes flores multicolores recamadas con artisela brillante; para las novias, el vestido es de tul blanco con flores blancas.

En las prendas masculinas resaltan los bellos trabajos realizados pues, además de los famosos trajes de lana blanca de los chamulas, es muy típico de los Altos de Chiapas un elegantísimo jorongo de lana negra que los hombres usan muy largo, casi hasta el suelo. Otra prenda masculina excepcional es una camisa de finísima gasa de algodón blanco con adornos del mismo color entretejidos en la tela.

Aparte de la indumentaria, que representa el volumen de la producción, se elaboran otros artículos: con el telar de pie se confeccionan colchas de lana o de algodón, con dibujos inspirados en la colonia.

Llaman la atención en todas partes las muñecas de tela vestidas con prendas típicas, tejidas expresamente para ellas por las mujeres indígenas. Un artículo muy peculiar, son las bolsitas de seda color azul turquesa, rosa, verde y azul marino, forradas con seda de colores contrastantes y bordadas con flores y hojas multicolores que confeccionan las mujeres de Teopisca.

Metales

Cuando los españoles se establecieron en la región enseñaron a los nativos a trabajar el hierro para contar con la herrería necesaria para los inmuebles de la época. Los herreros indígenas aplicaron su sentido artístico, no solamente al forjar rejas y balcones, sino al realizar también piezas menores. Los herrajes y los llamadores son preciosos, pero también lo son las cruces adornadas con múltiples símbolos cristianos y las vírgenes de hierro forjado.

Los herreros chiapanecos son grandes maestros en la hechura de imágenes de hierro cincelado y calado. San Cristóbal de las Casas (arriba izquierda)

Llamador de tipo colonial hecho de hierro forjado. San Cristóbal de las Casas (arriba derecha)

Muñecas con trajes típicos, tejidos expresamente en el telar de cintura. San Juan Chamula, (abajo)

Joyería

Junto con el hierro, los artesanos chiapanecos

aprendieron la orfebrería y se especializaron en el trabajo de filigrana en oro y plata. Tuxtla Gutiérrez y Tapachula son los dos mayores centros productores de hermosas cadenas, collares, aretes, arracadas y rosarios.

Madera y laca

La gran cantidad de maderas preciosas que pueblan los bosques de Chiapas ha impulsado el trabajo de ebanistería. Se fabrica aquí una amplia variedad de muebles y son muy apreciados los arcones y las bancas decoradas con motivos pirograbados. En cedro o en caoba se confeccionan los butaques, especie de sillones con asiento de vaqueta, de bejuco o de piel de venado, que van acompañados con un escabel para los pies.

La manufactura de instrumentos musicales es un verdadero arte entre los chiapanecos, quienes producen marimbas, guitarras, violines y arpas, que además de ser altamente calificados por su sonido, son muy bellos debido a su taraceado.

En madera tallada se encuentran todo tipo de esculturas, juegos de ajedrez y hermosas figuras religiosas, muchas de ellas pintadas de acuerdo con el modelo colonial hispano. Las máscaras elaboradas en la región son laqueadas y, caso insólito, tienen ojos de vidrio, muchas veces de color claro.

La artesanía de la laca, que ha dado renombre a Chiapa de Corzo es, desafortunadamente, una de las manufacturas que está desapareciendo en forma muy acelerada; ya es difícil encontrar arcones o nichos laqueados, el que era el mueble más típico, el camarín, ya no se fabrica.

Era éste una especie de pequeño armario con el interior totalmente laqueado y pintado con flores y paisajes, servía originalmente para guardar alguna imagen religiosa. Actualmente la producción de esa artesanía se limita a la elaboración de grandes jícaras con el interior rojo y el exterior de laca negra con flores multicolores, o a platones y cajitas con la misma decoración.

Ámbar

Chiapas es el único estado de la república donde se encuentran yacimientos de ámbar; los artífices prehispánicos conocían el valor de este precioso material con el cual hacían piezas de joyería: en excavaciones arqueológicas se han encontrado orejeras, bezotes y otros adornos. La tradición ha continuado hasta nuestros días y en Simojovel de Allende se confeccionan collares, aretes, anillos y dijes de múltiples formas.

Aprovechando las maderas finas que se encuentran en la región, se fabrican óptimas marimbas (izquierda)

Cajita de madera pintada con anilinas de colores muy vistosos, producto típico de San Cristóbal (derecha)

Chiapas aprovecha sus yacimientos de ámbar explotándolos para hacer joyería (arriba izquierda)

La talabartería moderna tiene mucho auge en Chiapas, bolsos y morrales de Huistán (arriba derecha)

Piel

Aunque desde tiempos remotos los indígenas curtían pieles de animales silvestres, la tenería realmente se desarrolló con la introducción de la ganadería, durante la época colonial.

Actualmente, se elabora una vasta gama de productos de vaqueta que comprende desde sillas de montar, huaraches, asientos, morrales, fundas para cuchillos y machetes, hasta bolsos, petacas, cinturones, monederos y estuches, casi todos ellos cincelados o pirograbados.

Fibras vegetales

La palma es la fibra que más se utiliza, con ella se hacen canastas, alforjas, petates y sombreros de diversas formas, algunos los decoran con tiras de lana hechas en telar de cintura.

Las figuras de animales hechas en ixtle y pintadas con anilinas resultan muy atractivas para el turismo.

Lapidaria

A la cantera labrada se le da múltiples usos, pero el trabajo más exclusivo es la copia de tableros mayas tallados en piedra caliza que hacen los artesanos de Palenque, con una habilidad tal que no desmerecen frente a los originales.

Poblaciones que producen artesanías	
Acalá	Cestería.
Ahuacatenango	Alfarería porosa, grisácea, con decoración al pincel.
Amatenango del Valle	Alfarería porosa, grisácea, con decoración al pincel. Enredos, camisas, morrales y ceñidores de lana, algodón y artisela, en telar de cintura.
Bochil	Alfarería. Textiles. Talabartería. Cestería y sombreros de palma. Instrumentos musicales. Lapidaria. Cerería. Bastones de ébano.
Coita	Alfarería, textiles, instrumentos musicales, sombreros y cestería de palma. Talabartería, lapidaria y cerería.
Comitán	Telas de algodón en telar de cintura. Talabartería.
Cruz Quemada	Cotones de lana blanca en telar de cintura.
Chainatic	Enredos, cotones, ceñidores y morrales de lana, en telar de cintura.
Chenalhó	Alfarería utilitaria. Textiles de lana en telar de cintura. Cestería. Máscaras de madera, instrumentos musicales. Talabartería. Cerería.
Chiapa de Corzo	Imágenes de madera tallada. Muebles, jícaras, máscaras, bateas y miniaturas laqueadas. Trajes de tul bordados con artisela. Butaque de caoba o cedro con asiento de vaqueta o piel de venado. Velas escamadas.
Chiquinavalo	Enredos, cotones, ceñidores y morrales de lana, en telar de cintura.
El Zapotal	Alfarería. Textiles. Instrumentos

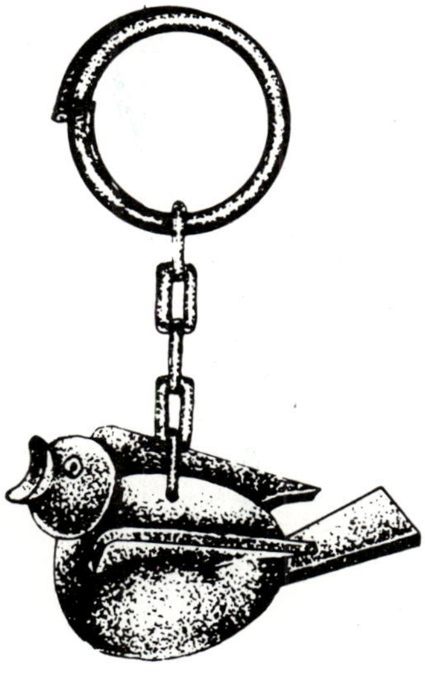

	musicales, máscaras. Cestería y sombreros de palma. Talabartería.
Huistán	Alfarería. Textiles. Instrumentos musicales. Cestería y sombreros de palma, alforjas de fibras. Talabartería. Lapidaria. Cerería.
Huitiupán	Alfarería. Textiles. Máscaras de madera e instrumentos musicales. Cestería y sombreros de palma. Talabartería. Cerería.
Ixtapa	Alfarería. Textiles. Instrumentos musicales, máscaras. Cestería y sombreros de palma. Talabartería. Cerería.
Izapa	Comales con soportes zoomorfos.
Jitotol	Alfarería. Textiles. Cestería y sombreros de palma. Alforjas de fibras. Talabartería. Lapidaria. Cerería.
Larrainzar	Huipiles, morrales, ceñidores y enredos de lana o algodón, en telar de cintura.
Las Margaritas	Camisas bordadas y deshiladas.
Magdalena	Huipiles, enredos, ceñidores y morrales de lana o algodón, en telar de cintura.
Mitontic	Alfarería. Textiles. Cestería y sombreros de palma, alforjas. Talabartería. Lapidaria. Cerería.
Navenchauc	Enredos, cotones, ceñidores y morrales de lana o algodón en telar de cintura.
Ocozocuautla	Huipiles y camisas de hombre, de algodón ligero, tipo encaje, tejidas en telar de cintura. Alfarería artística y utilitaria. Cestería.
Ocuilapa	Huipiles y camisas de hombre, ligeras, tipo encaje, de algodón

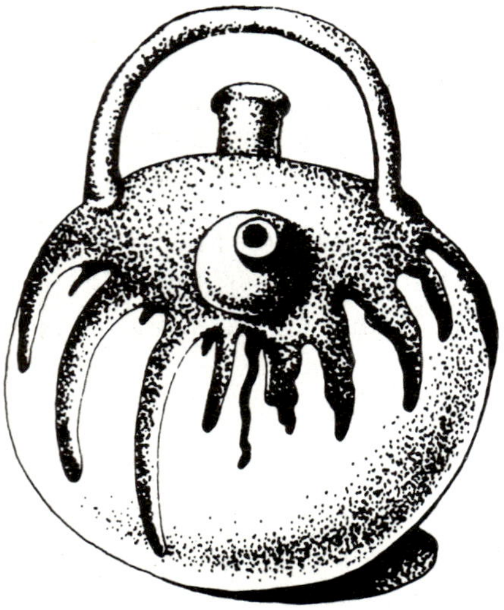

	blanco tejidas en telar de cintura. Alfarería artística y utilitaria.
Palenque	Pirograbados en piel. Reproducciones de glifos y tableros mayas en piedra caliza.
Pantelhó	Huipiles, enredos, ceñidores y morrales de lana o algodón, en telar de cintura.
Pueblo Nuevo Solistahuacan	Alfarería artística y utilitaria Textiles de lana en telar de cintura. Cestería. Talabartería. Cerería.
Río Arriba	Alfarería y figuras zoomorfas de barro.
San Cristóbal de las Casas	Alfarería artística y utilitaria. Colchas de lana o algodón en telar de pie. Huipiles, enredos, ceñidores, morrales y otras prendas de lana o algodón, en telar de cintura. Muebles de cedro o caoba, butaques con asiento de vaqueta. Talabartería. Huaraches. Sombreros de palma. Cestería de palma o vara. Cruces de hierro cinceladas, llamadores para puerta. Preciosas cajitas de madera pintadas con anilinas y decoradas con flores.
San Juan Chamula	Huipiles, enredos, cotones, morrales, ceñidores y rebozos de lana o algodón, en telar de cintura. Muebles pirograbados de caoba o cedro rojo. Cajitas de madera pintadas con anilinas. Talabartería. Huaraches. Morrales de ixtle, algodón o vaqueta. Sombreros de palma. Bastones de mando en ébano.
San Lucas El Zapotal	Alfarería utilitaria. Huipiles, enredos, cotones, morrales, ceñidores y rebozos de lana o algodón, en telar de cintura. Instrumentos musicales. Sombreros, alforjas, petates y cestería de palma. Lapidaria. Cerería.

Lugares de venta de artesanías

COMITÁN DE DOMÍNGUEZ. Casa de la Cultura.
Actividades culturales y un Museo arqueológico en la población.

CHIAPA DE CORZO. Museo de la laca.
Artesanías y cultura popular. Plaza San Ángel Albino Corzo No. 35.

S. CRISTÓBAL LAS CASAS. Centro Comunitario de los Altos de Chiapas.
Artesanías. Calle 20 de Noviembre.
Ex-Convento de Santo Domingo. Histórico y Local Particular. Calle Vicente Guerrero No. 33.

Museo Na-Bolom

Museo Regional de Chiapas Jardín Botánico.
Colección de Orquídeas.

Santo Tomás Oxchuc	Huipiles de algodón o lana, en telar de cintura.
Simojovel de Allende	Joyería de ámbar.
Tapachula	Joyería de oro.
Tenejapa	Huipiles, enredos, ceñidores y morrales de algodón, cotones de lana elaborados en telar de cintura. Sombreros de palma. Talabartería y huaraches.
Teopisca	Morralitos de seda, bordados.
Totolapa	Alfarería artística y utilitaria. Instrumentos musicales. Textiles. Cestería. Sombreros de palma. Talabartería. Cerería y lapidaria.
Tuxtla Gutiérrez	Joyería y filigrana de oro y plata. Rosarios de oro. Esculturas de madera, marimbas, muebles de caoba y cedro rojo, butaques con asientos de vaqueta o piel de venado, ajedreces. Enredos de lana en telar de cintura.
Venustiano Carranza	Enredos, camisas, servilletas y manteles de algodón con lana y artisela. Alfarería utilitaria. Cestería. Hamacas.
Zajaltetic	Alfarería utilitaria.
Zinacantán	Enredos, huipiles, cotones, morrales y ceñidores de algodón o lana, en telar de cintura. Instrumentos musicales. Huaraches. Cestería y sombreros de palma. Bastones de mando en ébano.

Tabasco

No obstante ser cuna de la gran civilización olmeca que nos legó incomparables monumentos, increíbles muestras en el tallado de la piedra y cuya elaboración de la cerámica influyó sobre toda mesoamérica, Tabasco ha perdido casi por completo las antiguas tradiciones artesanales.

Actualmente se aprovecha sólo la materia prima que se encuentra a mano: la riqueza maderera ha impulsado la fabricación de muebles y de artículos de maderas preciosas; las fibras vegetales se usan para muchos artículos tanto utilitarios como de adorno.

El gran mérito de los tabasqueños ha sido crear una artesanía exclusiva con las pieles de los animales salvajes que logran capturar: el tiburón, iguana, lagarto, reptiles y tigrillos proporcionan las pieles para zapatos, sandalias, botas, bolsos y muchos artículos más que representan la más floreciente y calificada producción artesanal del estado.

Jugando con diversos tipos de madera se fabrican bellas cajas taraceadas en Villahermosa, Tabasco (arriba izquierda)

Se conserva aún la costumbre prehispánica de labrar la calabaza seca para crear una amplia variedad de objetos. Nacajuca (arriba derecha)

Gran demanda tiene la artesanía del zapato hecho con piel de víbora, de cocodrilo, de tigrillo y de tiburón. Tenosique (abajo izquierda)

Alfarería

Se elabora algo de alfarería porosa y burda para uso doméstico: ollas, coladores, comales, cajetes, candeleros y vasijas. Las piezas más delicadas son los copaleros, cuyo borde está adornado con pajaritos hechos al pastillaje y pintados con anilinas de colores.

Textiles

La producción textil se limita a la confección de camisas y servilletas de algodón bordadas y los mosquiteros de gasa.

Madera

Se fabrican aquí muebles modernos de caoba y de cedro y con madera tallada se hacen máscaras, tambores, utensilios, cucharas con el mango muy largo adornado con figuras geométricas y nichos para imágenes religiosas.

Los tabasqueños son muy diestros en ahuecar los troncos de los grandes árboles para hacer cayucos —las típicas canoas indígenas—, y enormes bateas para lavar.

Cajas, alhajeros y marcos de madera taraceada destacan por su fina manufactura.

Fibras vegetales

La fibra más usada es la palma, con la cual se tejen sombreros, petates, manteles individuales, carteras, máscaras, canastas y bolsos de mano de diferentes modelos y diseños. También se utiliza el henequén con el cual se hacen hamacas, arreos para animales de carga y los yahuales, típicos artefactos que sirven de base para sostener los cántaros para el agua. Hay, asimismo, flautas de carrizo, sonajas de bambú, aventadores de huano y figuritas hechas con hojas de maíz.

Piel

Tabasco es el estado donde se trabajan los más variados tipos de pieles, con lo que los artesanos han logrado una producción muy original ampliamente aceptada en los mercados nacional y extranjero que expenden los zapatos y botas masculinas de piel de tiburón, de iguana y de lagarto, así como las zapatillas de tigrillo, las carteras, bolsos y cinturones de piel de nutria y de víbora y las sandalias de cuero realizadas con diseños y técnicas de la región.

Cerería

En época de difuntos se elaboran en Mazatiupa unas hermosas velas; en Jalpa de Méndez, a su vez, un arte muy original lo representa la confección de cuadros hechos con mariposas disecadas.

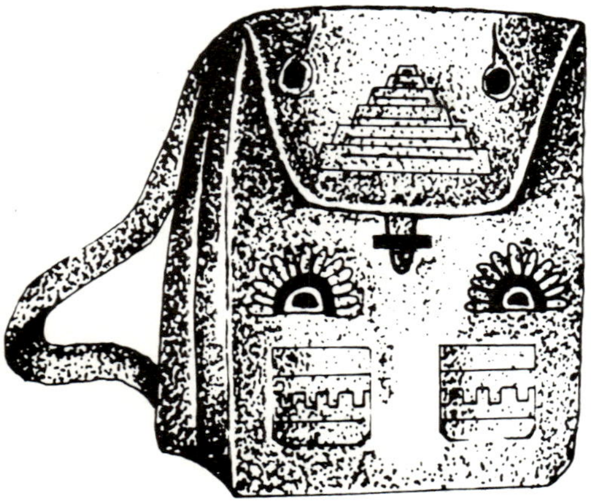

Poblaciones que producen artesanías

Balancán	Artículos de piel.
El Triunfo	Artículos de piel.
Emiliano Zapata	Artículos de piel.
Eupilco	Alfarería utilitaria. Instrumentos musicales. Máscaras de madera tallada. Cestería de palma. Caracoles tallados.
Frontera	Bolsos de piel de nutria.
Huatacalco	Alfarería utilitaria. Escobas y abanicos de palma o huano. Instrumentos musicales. Jícaras decoradas.
Huaytalpa	Cucharas de madera labradas. Abanicos de palma o huano, sombreros de huano. Sillas de montar. Alfarería utilitaria. Jarciería. Bateas de madera. Morrales de ixtle.
Jalpa de Méndez	Jícaras decoradas. Cuadros con mariposas disecadas. Camisas de algodón bordadas en punto de cruz.
La Chontalpa	Loza utilitaria de barro.
Macuizapotlán	Loza utilitaria de barro y ceremonial.
Macuspana	Comales de barro. Loza utilitaria y ceremonial de barro.
Mazatiupa	Cerería escamada.
Nacajuca	Alfarería utilitaria y ceremonial. Máscaras de madera tallada. Jícaras talladas. Morrales de henequén. Zapatos, sandalias, pieles, pirograbados.
Olcuatitlán	Batidores y cucharas de madera, labrados.

Lugares de venta de artesanías

CÁRDENAS. Museo de la Casa de la Cultura.
Artesanías y cultura popular, Municipio de la población.

VILLAHERMOSA.
Arte popular de la entidad, Calle 1, Zaragoza 810

Paraíso	Muebles de caoba y de cedro.
Tapotzingo	Alfarería utilitaria de barro. Cestería de palma y huano.
Tecoluta	Muebles de caoba o cedro rojo, imágenes religiosas, arcones, remos y máscaras. Camisas de algodón bordadas a mano. Hamacas de henequén.
Tenosique	Capas de piel de venado. Sombreros de palma. Máscaras de madera tallada. Instrumentos musicales. Costales y morrales de ixtle. Trabajos de piel de víbora, tiburón, iguana, lagarto.
Tucta	Abanicos de palma y huano. Instrumentos musicales.
Soyataco	Aventadores y abanicos de huano. Alfarería utilitaria y ceremonial de barro.
Villahermosa	Abanicos de palma. Flores y coronas de papel.

Campeche

Hacia la mitad del siglo pasado, Campeche se separó de la capitanía de Yucatán y se constituyó en un estado independiente. En los siglos anteriores fue parte integral de la península yucateca, no solo por razones geográficas, sino también porque estaba habitado —como lo sigue estando actualmente—, por población de origen maya que compartió el auge y la decadencia de esa gran civilización. Ahora han desaparecido los expertos alfareros que elaboraron las hermosas figurillas de Jaina y tampoco quedan rastros de los artistas que embellecieron los edificios de Edzná y Dzibilnocac.

Por lo anterior, los artesanos de hoy producen artículos modernos, algunos de altísima calidad, como los sombreros llamados comúnmente jipi-japa, que son los más finos en su género. La aportación más interesante de los campechanos es el haber dado a conocer internacionalmente la belleza del coral negro, con el cual elaboran una exquisita joyería.

Alfarería

Sólo en Tepakán se elabora un poco de alfarería utilitaria: las mejores piezas son unos cántaros de barro poroso, decorados con flores en color café, que en su forma denotan su antiguo origen.

Hace poco tiempo, empero, dentro de un programa gubernamental de fomento a las artesanías, se instaló en Calkiní un alfar donde se producen vajillas de alta temperatura, decoradas con una franja horizontal color café.

Textiles

Los hermosos huipiles bordados a mano en colores brillantes se confeccionan con telas comerciales. De la misma manera se hacen las guayaberas, pañuelos y morrales bordados y las inconfundibles blusas, recamadas en punto de cruz con hilo negro y cuyos diseños muestran algo de la vida cotidiana del lugar; anclas, barcos y murallas.

Se atribuye a Campeche la elaboración de las mejores hamacas de artisela realizadas en toda la república.

Alfarería de barro poroso decorada con flores de color café; las formas denotan su remoto origen. Tepakan (arriba)

Cerámica de alta temperatura producida en un alfar recientemente instalado en Calkiní (centro)

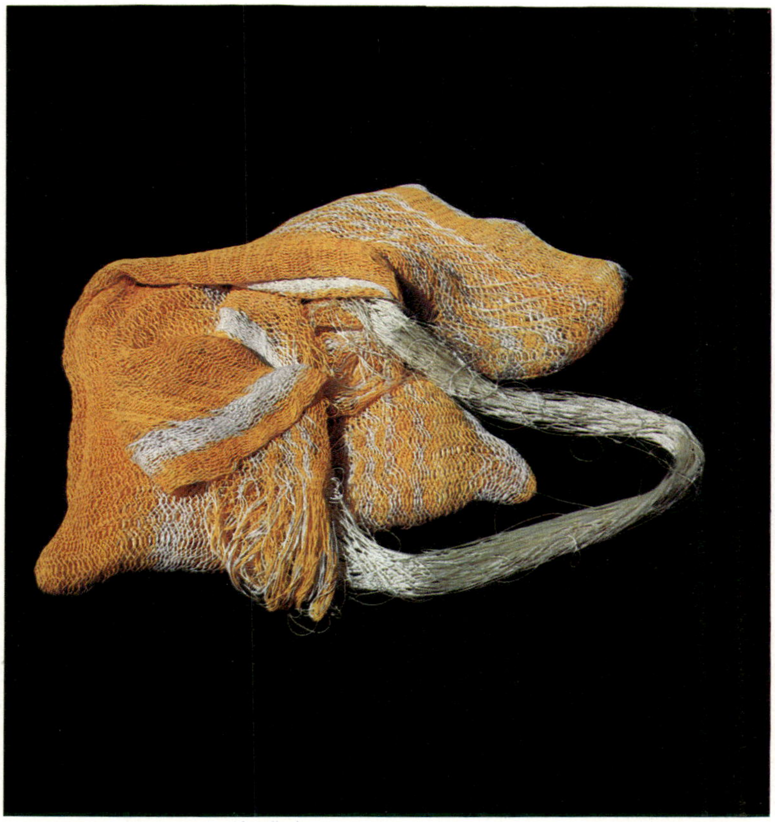

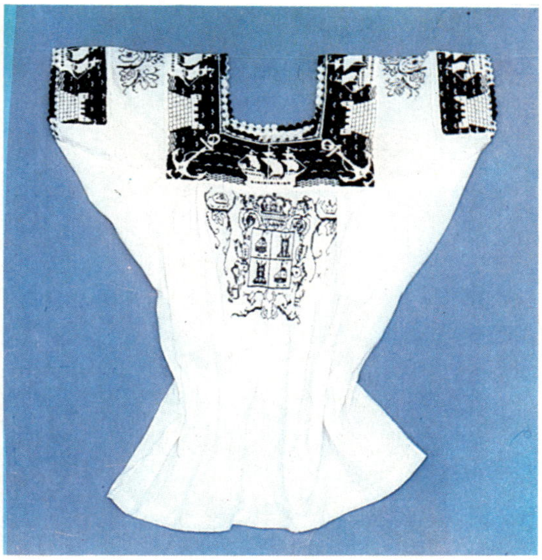

Las blusas de Campeche llevan bordados con hilo negro anclas, barcos y murallas, símbolos de la ciudad (derecha)

Las más bonitas hamacas de artisela se tejen en Dzibalchen (izquierda)

El carey es usado para crear joyería y bellos objetos artísticos. Campeche (arriba)

Los sombreros de jipa-japa se tejen en cuevas, donde la humedad permite una óptima elaboración. Becal (centro)

Con maderas preciosas se fabrican originales piezas decorativas. Campeche (abajo)

Joyería

El oro y la plata sirven para enmarcar el carey, con el que, con una alta calidad artística se hacen peines, peinetas, anillos, collares, aretes, arracadas, pulseras, abanicos y muchos objetos más entre los que sobresalen las hermosas plegaderas con cabeza de perico.

La mayor y mejor calidad de coral negro es el que se trabaja en Campeche, solo o combinado con metales, en un amplio surtido de joyería moderna. También se hacen adornos de concha y caracol, collares de dientes de tiburón, de vértebras de peces y otros objetos creados por la fantasía de un pueblo marinero.

Madera

La abundancia de maderas preciosas en la región ha propiciado la fabricación de muebles modernos y sillones con asiento de piel.

Generalmente los objetos de adorno llevan decoración pirograbada o taraceada, en especial las cajas y las charolas; también hay barcos en miniatura, animalitos, molinillos y guitarras.

Fibras vegetales

La artesanía más importante del estado es la fabricación de sombreros de jipi-japa, conocidos comúnmente como panamá; se tejen en cuevas, puesto que la fibra necesita un determinado grado de humedad para que su elaboración sea óptima. Ya que los sombreros de Campeche son considerados como los de mejor calidad a nivel mundial, la venta de la producción está asegurada de antemano.

Del mismo material se tejen bolsas, cigarreras, canastas y otros artículos.

Con la palma se tejen cestos, bellísimos sombreros femeninos calados y una gran variedad de artículos modernos.

Piel

Los productos de piel más originales realizados en la entidad son los bolsos y las sandalias de piel de venado, así como las pieles con diseños pirograbados, utilizadas para ser colgadas en las paredes.

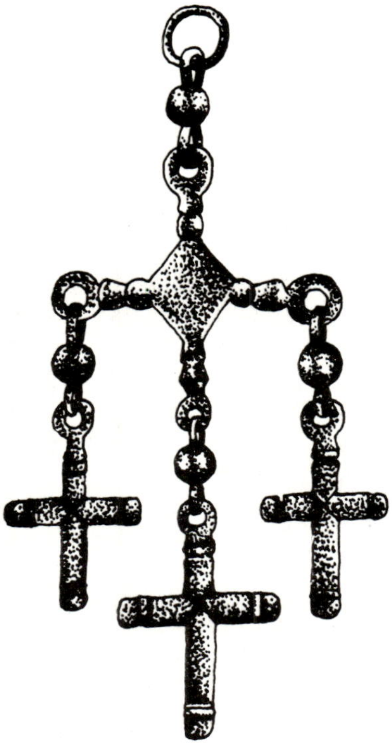

Poblaciones que producen artesanías	
Becal	Sombreros de jipi-japa (panamá) cigarreras, bolsos de mujer, canastas, etc., de la misma fibra. Zapatos y bolsas de piel de venado. Morrales y blusas bordadas.
Calkiní	Muebles de madera. Huipiles, blusas, guayaberas, pañuelos de algodón, bordados. Cestería y sombreros. Sandalias, bolsas y morrales de piel. Vajillas de alta temperatura. Juguetes de palma.
Campeche	Muebles de maderas preciosas. Butaques con asiento de vaqueta. Camisas de algodón bordadas. Instrumentos musicales, cajas, alhajeros, etc., de madera taraceada. Molinillos, animalitos y barquitos de madera. Joyería de oro, filigrana. Artículos de piel pirograbados. Joyería de coral negro, concha y carey.
Ciudad del Carmen	Joyería de oro y plata con coral negro, concha, carey y escamas de pescado.
Champotón	Muebles de maderas finas. Huipiles y guayaberas. Artículos de concha y carey, collares de dientes de tiburón y vértebras de pescado.
Dzibalchén	Huipiles y blusas bordadas. Guayaberas. Artículos de piel pirograbados. Hamacas de cáñamo.
Hecelchacán	Huipiles bordados. Butaques de caoba y cedro con piel de venado.
Sabancuy	Zapatos de piel de venado.
Tepakán	Alfarería de barro.

Yucatán

Al pensar que esta región fue el escenario donde floreció una de las más altas civilizaciones de la antigüedad, causa profundo asombro observar que las artesanías de Yucatán son esencialmente modernas y que casi no hay rastros de las espléndidas artes del pasado. Por lo que espontáneamente surgen las preguntas: ¿qué ha sido de los grandes artistas creadores de las maravillosas ciudades mayas? ¿No han quedado herederos de los millares de artesanos que proporcionaban comodidad y suntuosidad a una sociedad cultural y socialmente muy elevada?

Para contestar dichas demandas es necesario recordar que cuando por múltiples factores, todavía no esclarecidos, la bien organizada sociedad maya empezó a desintegrarse, los grandes centros cívico-religiosos perdieron el control de la producción y la mayoría de la población regresó a una vida sencilla de tipo rural cuyos satisfactores se limitaron a las necesidades diarias, como consecuencia de ello, poco a poco fueron desapareciendo los artesanos especializados.

Luego, después de la conquista, hubo terribles epidemias que diezmaron la población hasta en un 90%. Por otra parte, la política colonial no permitió que se desarrollaran en los territorios conquistados las artesanías españolas ya que de esta manera se trataba de proteger la producción de la madre patria y al mismo tiempo obstaculizaba cualquier iniciativa en ese aspecto porque necesitaba de toda la mano de obra indígena para explotar el campo.

A pesar de estas desventajas, los yucatecos, conscientes del valor de las artesanías, han vuelto a elaborar artículos que son muy solicitados tanto por su buen gusto como por la óptima calidad con que los producen, como es el caso de las ya clásicas guayaberas.

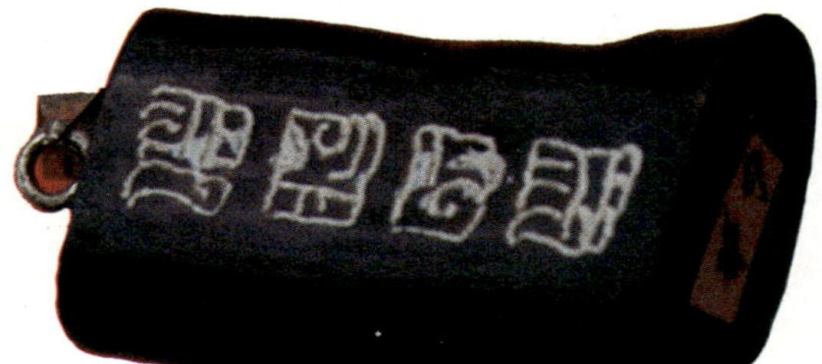

Escultura de Wilberto González, inspirada en una pieza maya. Ticul (derecha)

En Ticul se hacen bellísimas reproducciones de antiguas piezas prehispánicas (arriba izquierda)

Las guayaberas se confeccionan con todo tipo de telas, desde algodón hasta seda pura (abajo izquierda)

Alfarería

El único sitio de esta región que ha conservado una tradición alfarera de cierto interés es Ticul, donde se trabaja el barro poroso, sin vidriar, bruñido, a veces con decoración pintada en rojo, naranja, crema, verde y negro. Hacen grandes cántaros, macetas y tinajas de todos los tamaños. Un trabajo muy especializado es la elaboración de copias de platos prehispánicos verdaderamente hermosos; también inspirados en el arte maya se manufacturan figuras al pastillaje. Además hacen graciosos muñecos que representan a los mayas actuales ataviados con sus trajes de mestizo.

Textiles

En el ramo de los textiles sólo se emplean materiales comerciales y únicamente se confecciona indumentaria. El traje de mestiza es un huipil bordado profusamente en máquina, siempre es de tela blanca, pero diferente en los diseños que lo adornan y las puntadas de los bordados. El rebozo acompaña siempre al huipil tradicional. Actualmente se confecciona un vasto surtido de blusas bordadas en máquina.

Los hombres usan unas camisas llamadas chazarilla, guayabana o la popular guayabera. Además de ser una prenda sumamente práctica en climas calientes, la guayabera es muy elegante: de allí que su uso sea tan difundido; se confecciona con todo tipo de telas, desde algodón hasta finísimo lino y seda pura. Las típicas son blancas y con sencillo bordado pero ya se hacen de todos los tonos y muchas llevan bordados en colores contrastantes.

Abunda, asimismo, la producción de hamacas de henequén, de algodón muy delgado o con hilo de artisela de brillantes colores.

Joyería

De origen español es el trabajo, muy fino, de la filigrana de oro o de plata combinada con corales o perlas. Junto con los aretes, los collares, los dijes y las arracadas, destacan los exquisitos rosarios de gruesas cuentas, rematados con hermosas cruces que las mujeres usan con su traje regional.

La joyería moderna incluye cadenas, medallas, aretes, pulseras y extensibles para reloj.

Metal

En Mérida se forjan rejas, herrajes para muebles coloniales y bonitos juegos para jardín.

Madera

En esta parte de la península se fabrican muebles de granadillo y otros primorosamente tallados de madera de bojón. La caoba y el cedro tienen amplio uso, especialmente para elaborar los grandes sillones butaques con asiento de piel.

Una artesanía muy original es la de la madera de guayacán, torneada, con la cual se hacen muebles, cajas, cucharas, chocolateros y figuras ornamentales. Los muebles fabricados con todas las maderas existentes aquí son tanto de tipo colonial como moderno.

Fibras vegetales

El henequén es la fibra yucateca por excelencia, se explota no sólo a nivel industrial, sino sirve para elaborar gran cantidad de artículos artesanales. Tejida, pintada y bordada, se usa para confeccionar bellos bolsos, carteras, ci-

Los rosarios de filigrana de oro y corales que usan las yucatecas en su atuendo típico son la mejor muestra de la joyería yucateca. Mérida (arriba)

Bonito morral tejido en fibra de pita (abajo izquierda)

Lindas sandalias de henequén bordadas a máquina. Mérida (abajo derecha)

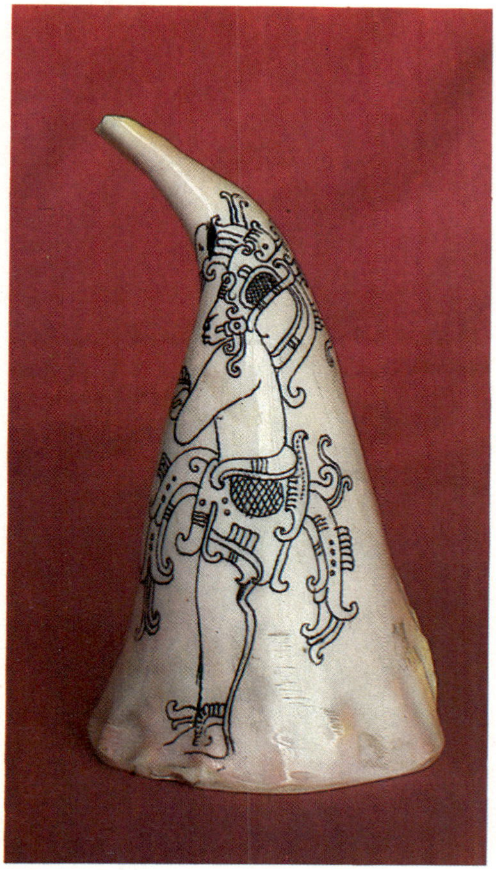

Un caracol donde, con extraordinario esmero, se ha copiado una escena tomada de la iconografía maya. Mérida (izquierda)

El grabado de los caracoles con diseños mayas es una artesanía característica de Yucatán; en la parte inferior derecha de la foto se ve un dije de madera con incrustaciones de plata (derecha)

garreras, zapatos, tanto de mujer como de hombre, sandalias, pantuflas, manteles individuales, alfombras, morrales, cinturones y muchos otros artículos.

En todo el estado se elaboran sombreros de henequén, de bejuco y de palma. Esta última encuentra muchas aplicaciones más, puesto que además de servir para hacer sombreros, se usa para la cestería, asientos para muebles, sandalias bordadas y juguetes pintados en vivos colores.

Las hamacas se tejen en henequén, algodón y artisela. Una muestra de paciencia y habilidad de los artesanos yucatecos son los guajes primorosamente labrados.

Piel

La mayor cantidad de piel que se trabaja en la entidad se usa para los sillones, pero también hay una buena producción de huaraches y sandalias. En la tranquila población de Valladolid los bolsos, cigarreras, monederos, carteras y cinturones de piel de víbora o de piel de venado son muy apreciados, así como las sillas de montar que se fabrican aquí mismo.

Concha y carey

Una de las pocas artes prehispánicas que perduran es el labrado de los caracoles. Siguiendo los modelos antiguos, los artesanos graban en los caracoles y en las conchas figuras y escenas copiadas de sus monumentos; notables son los grandes caracoles que sirven de pie de lámparas, también lo son las pulseras, los dijes y los llaveros, así como hebillas, botones, rosarios y juegos de cubiertos con mango de caracol.

Con el carey se fabrican peines y peinetas, plegaderas, pastilleros y joyería montada en oro o en metal dorado.

De reciente introducción es el trabajo con coral negro que solo, o combinado con piedras y metales, ha conquistado el mercado internacional.

Poblaciones que producen artesanías	
Acanceh	Hamacas de cáñamo.
Butzotz	Hamacas de cáñamo.
Cacalchén	Huipiles y blusas de algodón bordadas. Hamacas de cáñamo.
Calotmul	Huipiles y blusas de algodón bordadas. Hamacas de cáñamo.
Cenotillo	Huipiles de algodón bordados en máquina. Hamacas de cáñamo.
Citilcum	Huipiles, blusas y guayaberas de algodón bordadas a máquina.
Chabihaú	Collares de conchas y caracoles. Ceniceros y caracoles grabados.
Chumayel	Huipiles de algodón bordados en máquina. Sandalias de piel de venado.
Dzidzantún	Huipiles y blusas de algodón bordadas en máquina.
Dzilam González	Muebles de madera de granadillo.
Dzitás	Huipiles de algodón bordados en máquina.
Dzityá	Artículos utilitarios de madera de guayacán, torneados. Figuras de piedra caliza.
Dzoncahuich	Hamacas de cáñamo.
Ebtún	Sombreros de bejuco. Cestería de palma. Huipiles y blusas bordadas en máquina.
Espitá	Huipiles y blusas de algodón bordadas en máquina.
Halachó	Sombreros de huano. Hamacas de cáñamo. Cestería de palma.
Hocabá	Huipiles y blusas bordadas en máquina. Bolsos de henequén.

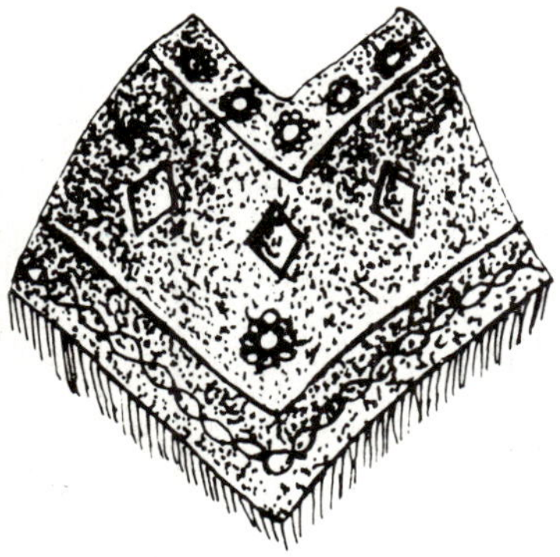

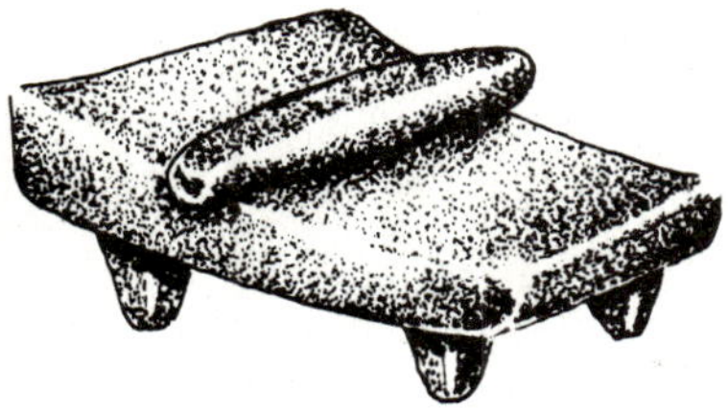

Hoctún	Hamacas de cáñamo.
Homún	Huipiles y camisas bordadas en máquina, así como hamacas de cáñamo.
Hunucmá	Huipiles de algodón bordados a mano. Zapatos de henequén. Cocos tallados.
Izamal	Huipiles, blusas y guayaberas bordados en máquina. Hamacas de cáñamo.
Kantunil	Huipiles, blusas y guayaberas de algodón bordadas en máquina. Cestería de palma, bejuco y carrizo.
Kauá	Huipiles, blusas y guayaberas de algodón bellamente bordadas a máquina.
Kimbilá	Huipiles, blusas y guayaberas bordadas en máquina.
Kunkunul	Hamacas de cáñamo.
Libre Unión	Huipiles, blusas y guayaberas de algodón bordadas en máquina. Bolsos de henequén.
Mamita	Figuras de barro para el día de Todos Santos.
Maxcanú	Figuras y copaleros de barro para el día de Todos Santos. Sombreros de huano.
Mérida	Huipiles, blusas y guayaberas de algodón bordadas a máquina. Bolsos, tapetes, zapatos y cinturones de henequén. Joyería de oro, plata y filigrana. Hamacas de henequén o cáñamo. Botones de concha, cuchillos con mango de concha. Joyería en caracol, pirograbada. Sombreros de huano.
Motul	Huipiles, blusas y guayaberas de algodón bordadas en máquina.

Panabá	Huipiles, blusas y guayaberas de algodón bordadas en máquina. Hamacas de cáñamo.
Río Lagartos	Huipiles, blusas y guayaberas de algodón bordadas en máquina. Hamacas de cáñamo.
San Felipe	Joyería de carey.
Sanahcat	Huipiles, blusas y guayaberas de algodón bordadas en máquina. Bolsos, manteles individuales, sombreros y cinturones de henequén.
Seyé	Huipiles, blusas y guayaberas de algodón bordadas en máquina. Hamacas de cáñamo.
Sitilpech	Huipiles de algodón bordados en máquina.
Sotuta	Huipiles de algodón bordados en máquina. Hamacas de cáñamo. Bolsos de henequén, manteles individuales, sombreros y cinturones.
Sudzal	Huipiles, blusas y guayaberas de algodón bordadas en máquina.
Susula	Muebles de madera de bojón. Hamacas de cáñamo. Huipiles de algodón bordados en máquina.
Tahmek	Hamacas de cáñamo.
Temax	Huipiles bordados en máquina. Hamacas de cáñamo.
Tecoh	Huipiles bordados en máquina, de algodón. Hamacas de cáñamo.
Telchaquillo	Bules labrados.
Tepakan	Alfarería.
Ticul	Alfarería artística y utilitaria. Joyería de oro y plata. Talabartería. Muebles de madera de caoba y

	cedro rojo. Sombreros de huano y palma.
Tixcacalcupul	Huipiles bordados en máquina. Hamacas de cáñamo.
Tixkokob	Huipiles bordados en máquina. Hamacas de cáñamo.
Tizimín	Alfarería utilitaria. Huipiles bordados en máquina.
Tunkás	Alfarería utilitaria. Huipiles bordados en máquina. Hamacas de cáñamo.
Uaymá	Alfarería utilitaria. Huipiles bordados en máquina. Hamacas de cáñamo.
Valladolid	Joyería de filigrana de oro y plata. Talabartería de venado, víbora y vaqueta. Huipiles bordados en máquina. Hamacas de cáñamo. Muebles de caoba y cedro. Sillas de montar.
Xcán	Huipiles bordados en máquina. Hamacas de cáñamo.
Xochel	Bolsas de henequén.
Yaxcabá	Huipiles y blusas bordadas en máquina.
Yaxkukul	Hamacas de cáñamo y de henequén.

Lugares de venta de artesanías

MÉRIDA. Museo Regional de Arte Popular.
Artesanías y Cultura Popular. PNAIP, INI, calle 58 No. 441.

UMAN. Museo de la Palma.
Situado en la Hacienda de la Palma con antigüedades.

Quintana Roo

Cancún, Tulúm, Kohunlich, Cobá y docenas de otras ciudades arqueológicas testimonian la importancia que en la época prehispánica tuvo el territorio que conforma el estado de Quintana Roo.

Sin embargo, en el proceso de desintegración que llevó a la desaparición de la grandeza maya —y que tan profundamente involucró también a Yucatán y Campeche—, fue indudablemente la región quintanarroense la que resultó más afectada, hasta el extremo de quedar prácticamente sin habitantes.

Ahora, con la recientemente emprendida rehabilitación de la zona y sobre todo con el desarrollo de los centros turísticos, junto con los nuevos pobladores, han comenzado a establecerse aquí artesanos procedentes de otras entidades; es de esperarse que la actual escasez de productos de este tipo desaparezca y la actividad manual vuelva a ser una importante manifestación de la habilidad de los artífices del país.

Textiles

Se confeccionan, con telas comerciales, huipiles, vestidos y blusas bordadas y se hacen hamacas de artisela o de algodón.

Joyería

Joyería de oro y plata con combinaciones de coral rojo, coral negro, carey y concha nácar.

Fibras vegetales

Para uso utilitario se tejen hamacas y cestería de palma, bejuco y carrizo.

En Cozumel se realizan bellísimas filigranas en oro y plata (arriba)

Detalle de huipil bordado a máquina, de bello colorido. Kantunilkin (centro)

El coral negro que se pesca en las cálidas aguas del Caribe se convierte en hermosas y originales joyas. Cozumel (abajo)

Lugares de venta de artesanías

CANCÚN. Museo Arqueológico de Cancún.
Histórico local, INAH, Centro de Convenciones, Paseo Kukulcán S/N. Zona Hotelera.

CHETUMAL. Museo Regional de Chetumal.
Histórico Regional INAH, en la Ciudad.

Poblaciones que producen artesanías

Kantunilkin	Cestería de palma, bejuco y carrizo. Hamacas. Huipiles y blusas bordadas a mano.
Isla de Cozumel	Joyería de oro y plata con corales negros.
Isla Mujeres	Joyería de oro y plata con corales negros, concha, también una gran variedad de aretes de carey, peines, pulseras, anillos, collares, etcétera.

Norte

Debido a factores de tipo geográfico, climatológico e historico, los estados que conforman la región norteña de la república tienen una escasa producción artesanal. Por esta razón, hemos considerado oportuno agrupar bajo un solo título los estados de Baja California, Baja California Sur, Sonora, Chihuahua, Tamaulipas, Sinaloa, Coahuila, Nuevo León, San Luis Potosí, Durango, Nayarit, Colima, Zacatecas y Aguascalientes, manteniendo los rubros que se refieren a los diferentes productos.

En otras palabras, bajo el inciso «alfarería» se tratará conjuntamente la producción alfarera de todos los estados haciendo hincapié en las cerámicas que tengan alguna característica relevante; al describir la manufactura textil de la región pondremos el enfásis en las prendas más interesantes y, así sucesivamente. Esta redacción, aunque se diferencia de la parte anterior del atlas, evita que las informaciones recogidas se reduzcan a un simple listado, a la vez que permite poner en relieve algunos productos sobresalientes o característicos de la zona.

Los estados que hemos reunido tienen varios rasgos en común. Casi todos se ubican más allá de la frontera de la super área cultural conocida como mesoamérica y que, en tiempos anteriores a la conquista, estuvieron ocupados, en su mayor parte, por grupos nómadas que, por su mismo tipo de vida —producto de un medio ambiente sumamente difícil—, nunca pudieron establecer una fuerte tradición artesanal.

Las únicas excepciones son los estados de Colima y Nayarit que formaban parte del occidente de México, una de las regiones mesoamericanas. Es indudable que allí existió abundante producción artesanal. La presencia de zonas arqueológicas monumentales, las tumbas de tiro, el hallazgo de una gran cantidad de figuras de barro, son ingredientes que hablan de una sociedad altamente desarrollada y, por consiguiente, con necesidades crecientes de productos, tanto de uso diario como suntuarios. Sin embargo, por razones todavía no bien esclarecidas, su producción actual es mínima. Quizá el relajamiento del poder central, las epidemias que diezmaron la población, las invasiones de grupos nómadas, sean algunas de las causas que llevaron al decaimiento a las artes manuales. Además, hay que tener en cuenta que la investigación científica —tanto arqueológica como histórica y etnográfica—, es todavía muy exigua y no se tienen respuestas válidas para explicar este fenómeno de retracción.

Otra característica que comparten entre sí los estados del norte es que de entre las pocas manufacturas que elaboran, las más interesantes están estrechamente vinculadas a las tradiciones socio-religiosas de los indígenas que viven en la región. Salvo pocas excepciones, los artículos más interesantes son trajes, adornos, instrumentos musicales y fetiches que los seris, los mayos, los yaquis, los tarahumaras, los coras, los huicholes y otros, usan para el desenvolvimiento de su vida tribal. Hasta hace pocos años los indígenas hubieran considerado un sacrilegio que gente extraña usara sus máscaras, tambores o sus equipales; pero, empujados por la necesidad y estimulados por el interés demostrado por los turistas, han comenzado a aumentar su producción con el fin de venderla y tener así mejores ingresos. Otra consideración interesante sería la de que entre estos grupos tampoco ha existido la costumbre de los «tianguis» y ésto, quizá, se deba a las grandes distancias que hay entre un poblado y otro.

Por su parte, las autoridades han impulsado la expansión de las artesanías como un medio para mejorar la economía de estos grupos tan necesitados. En este programa de ayuda se inscribe la fundación de un alfar de alta temperatura para la elaboración de vajillas en Chihuahua y las facilidades para la confección de prendas modernas de piel.

Finalmente, en este grupo de estados están representados aquellos que, nacidos a raíz de la explotación minera, alcanzaron importancia en la época colonial y han conservado algunas artesanías de origen europeo. Ejemplos notables de esto último son los deshilados de Aguascalientes y los muebles de Colima.

Alfarería

En todo el norte la producción alfarera es sumamente pobre. En todos los lugares se elaboran piezas de barro poroso de color café claro o rojizo, burdas, sin pulir; las formas son muy sencillas de tipo utilitario como ollas, cajetes, cazuelas, braseros y macetas. Se destacan las grandes tinas con tapas que se elaboran en Capomós, Sonora y los cántaros rojos con incisiones, que fabrican los indios pimas de Yécoras, Son.

En algunos casos, los artesanos han tratado de dar a su mercancía una presentación más atrayente, decorando las piezas con cenefas, pequeños diseños al pincel o con incisiones, todo muy simple y rústico.

Además de las vasijas de uso doméstico y local, se hacen juguetes ingenuos y una amplia cantidad de pipas. Es muy interesante notar que los hallazgos arqueológicos han demostrado que las pipas sólo eran usadas en el occidente y norte de México, mientras que en el resto de mesoamérica, el tabaco se fumaba en boquillas a veces hechas de materiales preciosos como oro o ámbar.

Muy bonitas son las cuentas de collares de barro pintadas en azul que usan los indígenas de Sonora con su atuendo tradicional.

Entre el escaso material, merece una mención especial la alfarería que se produce en la región de Chihuahua, ya que es una de las pocas que todavía se elabora con el antiguo sistema del enrollado. En general es burda y de tipo utilitario pero presenta variedad de tipos: hay cántaros, comales, cajetes, ollas y pipas de barro rojo con una sencilla decoración color crema. La técnica es muy interesante: se hace un largo rollo de barro de 1 ó 2 cm de diámetro que va enrollado en forma de espiral para formar las paredes de la vasija. Los rollos se pegan uno a otro y luego se alisan para dar la apariencia de una superficie más o menos uniforme. Este método es antiquísimo y fue muy usado por los indios del suroeste de Estados Unidos. Según los expertos, esta técnica podría derivarse de la manufactura de los canastos, hechos con fibras enrolladas, que fueron los primeros recipientes usados por el hombre en los albores de la civilización.

Vale la pena recordar las copias de piezas prehispánicas de muy buena calidad que se reproducen en Nayarit y en Colima que, como ya se dijo, eran parte de mesoamérica, y donde se han encontrado una gran cantidad de bellas figuras humanas y de animales hechos de arcilla.

También la fabricación de loza vidriada es muy limitada. En Aguascalientes se producen unas grandes cazuelas de barro vidriado color café, cuya decoración al pastillaje denota su antiguo origen. Allí mismo se elaboran vasijas de uso diario, en cerámica blanca con decoración floral: platos, tazas, cazuelas, floreros y platones; muy característicos son los jarrones con asa que además de hojas y flores, tienen tres franjas pintadas en verde y rojo.

En algunos pueblos se hacen candeleros y floreros vidriados, exclusivamente para uso ceremonial.

La mejor producción es la de Zacatecas, donde se fabrican floreros, jarras y ollas tipo mayólica blanca con decoración chorreada en vistosos colores: las piezas más típicas son las ollas con la tapa modelada como una cara femenina, pintada en vivos colores.

Para terminar queremos señalar el alfar de cerámica de alta temperatura que produce vajillas en color natural, adornadas con una cenefa café o azul, que recientemente —como parte de un programa gubernamental de fomento a las artesanías— ha sido instalado en Caborachic, Chih.

Textiles

La manufactura de textiles es, indudablemente, la principal expresión de la artesanía del norte

Además del prehispánico telar de cintura y el de pie, introducido por los españoles, en Chihuahua y en Sonora se acostumbra un telar muy especial: horizontal y ancho, montado sobre troncos bajos enterrados en el suelo. En especial, los indígenas tarahumaras de la Barranca del Cobre, Chih., se han especializado en el uso de este artefacto, en el cual tejen excelentes sarapes pesados, fabricados en lana de colores naturales y cuyo único adorno es una cenefa naranja o azul en la orilla. Muy apreciados son los sarapes y cobijas de Boragami y de Urique, Chih. Los mismos indígenas elaboran, en telar de cintura, unos bellísimos ceñidores negros con diseños en blanco, considerados entre los más sobrios y elegantes de la producción indígena.

En contraste, los sarapes tejidos en telar de tronco de Sonora, son diferentes por presentar una vasta gama de dibujos y colores.

Existe una discreta producción de sarapes y cobijas también en Baja California, Sinaloa, San Luis Potosí y Durango, aunque no presentan alguna característica notable. En cambio, los sarapes de Zacatecas son únicos, ya que los tejedores se han especializado en reproducir la efigie de los próceres de nuestra historia. Y, por supuesto, los más vistosos y famosos, los sarapes de Saltillo, Coah., que, con sus franjas multicolores, representan en el extranjero un símbolo de México.

Por ser originales en su material, vale la pena mencionar los sarapes de Ciudad Juárez, Chih., que se tejen con pelo de burro entremezclado con algodón hidrófilo, o sea, el algodón común que se expende en las farmacias.

Otras prendas típicas que pueden encontrarse son los morrales, ceñidores, jorongos —muy bellos son los de lana blanca con puntos rojos, que se elaboran en Coahuila—, cotorinas, enredos, quechquemitls y rebozos —prenda tan imprescindible para la mujer mexicana—, que se consigue hecha a mano o a máquina, de lana, algodón o artisela, en colores unidos, a rayas o moteados; alcanzan su máxima belleza los elaborados en Santa María del Río, San Luis Potosí, donde se tejen en seda pura y tan delgados que pasan a través de un anillo y que, para darles más realce, se guardan en preciosos cofrecillos de madera taraceada.

Un rubro aparte merecen las prendas, los adornos y ofrendas que elaboran los corahuicholes que ocupan el territorio de Nayarit, y sur de Durango y que, al igual que otros grupos que viven en Jalisco, Zacatecas y, San Luis Potosí confeccionan trajes de manta bordados en punto de cruz, morrales de lana o de algodón, fajas y ceñidores con adornos de chaquira así como los sombreros de paja con borlas y plumas. Exquisitos trabajos elaborados con estambres de lana y con un profundo significado mágico-religioso son los Ojos de Dios, las máscaras y las jícaras recubiertas de chaquira, producto de su herencia cultural.

Son dignos de mencionarse, también, los trabajos de deshilado en tela de algodón que se realizan en Aguascalientes en la confección de blusas, vestidos, batas, camisas, faldas, manteles, servilletas, sábanas, almohadas, cortinas, toallas, etc. Es importante notar que, siguiendo una antigua costumbre, el trabajo se lleva a cabo en diversas etapas que se desarrollan en distintos pueblos: en uno cortan la tela, en otro ejecutan el deshilado, en el siguiente planchan y almidonan y, ya terminado, el artículo se lleva a la capital del estado en donde se vende.

Madera

La fabricación de muebles de madera de tipo rústico se produce en varias localidades del norte del país. Los trabajos más sobresalientes son los tallados en San Ignacio y San Salvador Alvarado, Sin. En Nuevo León, la mayor artesanía es la industria mueblera. Monterrey tiene una amplia producción de bellas piezas modernas y de muebles tipo español. En la ciudad de Bustamante se fabrican, también, sillas rústicas con asiento de palma así como juguetería de madera.

En San Luis Potosí la producción mueblera es abundante. Muy fina es la elaborada en cedro rojo y de huacalillo. Los artesanos de Matapla se han especializado también en la elaboración de guitarras, violines, pies de lámparas y juguetería, entre las que destacan las miniaturas de carretas de los colonizadores.

En Zacatecas y en Guadalupe se fabrican muebles modernos de mezquite y de encino y algunos de ellos muy bellos con marquetería de metales. Abunda el pirograbado para adornar cajas, marcos y alhajeros que también se hacen de madera taraceada.

Importante es la talla de máscaras y de imágenes religiosas que se fabrican en Zacatecas y, especialmente, las de Aguascalientes que son pintadas a mano.

La mejor artesanía del estado de Colima es la fabricación de muebles bellísimos de cedro rojo, con reminiscencias españolas y decorados al óleo. Se hacen sillones con asientos de vaqueta como en Sonora. Las máscaras ceremoniales son muy originales y están adornadas con largas cabelleras y barbas.

En Chihuahua, además de instrumentos musicales y máscaras con pelo de animal, se realizan figuras y bastones de mando con decoraciones de grecas coloradas. Animales y muñecas de madera vestidas con telas de algodón son fabricadas también.

De gran importancia resulta mencionar que en Sonora, además de muebles y máscaras, se tallan grandes bateas muy usadas para lavar o amasar. Hay buena producción de instrumentos musicales: violines, arpas, guitarras y tambores; pero, las piezas verdaderamente maravillosas son las que representan figuras de animales y aves marinas en «palo fierro», que se tallan en Bahía Kino y en Punta Chueca.

Piel

La manufactura de artículos de piel está bastante difundida en los estados de Sonora, Chihuahua, Coahuila, Tamaulipas, Durango, Sinaloa, Nayarit, Colima, Zacatecas, Aguascalientes y, por supuesto, Nuevo León, donde la talabartería tradicional recientemente se ha enriquecido con la confección de trajes, maletas. chamarras, sacos, cinturones y bolsos, así como arreos para charrería.

La confección de huaraches y sandalias está concentrada en los estados de Baja California, Sonora, Sinaloa, Durango y Aguascalientes, en donde también se fabrican botas y cinturones.

Es interesante resaltar que la piel de víbora es utilizada para la elaboración de collares. Una prenda sumamente curiosa, usada por los indígenas de Sonora, es la piel de pelícano disecada con cabeza y la cual utilizan para protegerse del frío.

En Zacatecas se produce un vasto surtido de artículos de piel de tipo tradicional cuya decoración es pirograbada o piteada, o sea, ricamente bordada con un hilo muy fuerte de color claro.

No podemos dejar de mencionar que en Tamaulipas la artesanía más abundante es la de la curtiduría de la piel para la talabartería y, sobre todo, la fabricación, en Ciudad Victoria, de artículos modernos como abrigos, sacos y bolsos; las chamarras de piel adornadas, con gamuza y flecos, se han convertido en el símbolo de la gente norteña.

Fibras vegetales

Como todos los pueblos de las zonas áridas, los sonorenses son muy hábiles en el empleo de las fibras vegetales. Hay cestería de carrizo entre la que destacan los grandes canastos cuadrados. De vara y palma se hacen canastas, cunas, sombreros, cinturones y muchos objetos más. La mejor producción es la de Desemboque; en Babicora Warihio se acostumbra tejer unos canastos de sotol que los indígenas usan exclusivamente para guardar las hierbas medicinales y remedios caseros. En Sejaki Warihio se fabrica una cestería muy singular hecha de varas atadas con tiras de piel y con malla de fibra de agave.

En Chihuahua, la cestería, de profundas raíces prehispánicas, es la más bella artesanía que se produce en ese estado. Además de la abundancia de formas y de la alta calidad de los tejidos, es interesante la decoracón hecha con fibras de colores con diseños cuyo simbolismo se pierde en el tiempo.

En Tamaulipas se hacen unas graciosísimas miniaturas de templos y capillas hechas con bagazo de caña, además de una vasta producción de bella cestería.

De manera general, se elabora toda clase de jarciería, cestería, morrales de ixtle, redes de fibra de pita y sombreros de palma en Colima, Durango, Nuevo León, Sinaloa y en Nayarit, donde además se fabrican unos elegantes equipales de alto respaldo con carrizo y vara, copia de los que usan los jefes huicholes.

Metales

En los mismos lugares donde se trabajan los metales preciosos, también hay una buena producción de hojalata artísticamente trabajada: candeleros, marcos, cajas, charolas. Las piezas más originales están pintadas con vivaces colores y se fabrican en Baja California Sur.

Al igual que en otros lugares de fuerte influencia colonial, en San Luis Potosí y Aguascalientes, la forja del hierro todavía crea ejemplares artísticos de balconería, rejas, faroles, herrajes y canceles. Es interesante la producción de muebles de hierro que se elaboran en Nayarit, Colima, Nuevo León, Coahuila y Tamaulipas.

Recientemente en Zacatecas se ha instalado un taller donde se producen objetos modernos, sobre todo, candeleros de zinc, cobre y latón.

Vidrio

Figuras y exquisitas miniaturas hechas a base de vidrio estirado así como vasos, copas, jarras, floreros y figuras de adorno en vidrio soplado son producto de Baja California, Tamaulipas y Nayarit.

En Nuevo León, el vidrio se comenzó a trabajar en forma artesanal, pero hoy en día se ha convertido en una de las poderosas industrias de Monterrey.

Es importante mencionar que en Durango hay un taller donde se trabaja el vidrio de molde de color azul esmaltado y decorado con oro en diseños europeos.

Concha y caracoles

Hay una vasta producción de collares, coronas, pulseras, aretes y cuadros de conchas y caracoles, especialmente en La Paz, B.C.

Como artesanía muy especial encontramos en Sinaloa las hermosas tallas artísticas hechas de cuerno o de concha nácar.

En Sonora, una artesanía muy original y que merece señalarse es la fabricación de collares; se hacen de semillas, de concha, de caracoles, de antenas de langosta, de vértebras de tiburón, de huesecillos de pájaros, de coral, de crustáceos o de pelo humano. Muy curiosas, también, son las cantimploras hechas de vejiga de tortuga pintadas de azul y naranja.

Lapidaria

En algunos pueblos de Tamaulipas se tallan figuras y juegos de café, elaborados en ónix.

La cantera es labrada de manera muy artística en Durango y en Nayarit; Jala es famosa por sus macetones, columnas y bancas de cantera de colores, hermosamente tallada.

La artesanía más interesante es la talla de una amplia variedad de piedras semipreciosas que se extraen de las minas de Zacatecas. Especialmente finas son las turquesas.

Papel

En Nuevo Laredo, Tamps, se elaboran, con mucha imaginación, figuras de papel maché y flores de alegres colores.

Joyería

En Sonora, Chihuahua y Coahuila la población artesanal fabrica joyería moderna de oro y plata. En San Luis Potosí los orfebres se dedican a producir cuentas para collares de filigrana.

Corcho

Una artesanía exclusiva de Baja California es la elaboración de flores y animales hechos de corcho que realizan los habitantes de San Luis Gonzaga.

Baja California

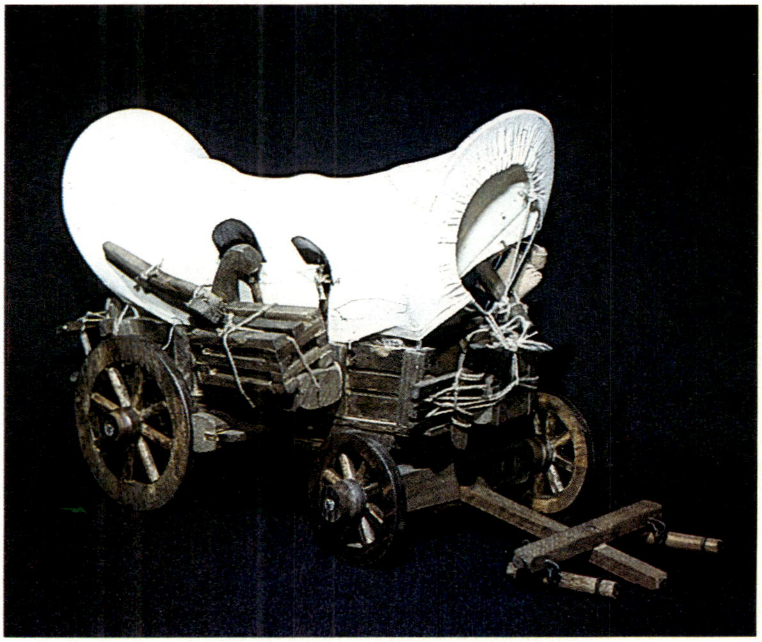

Alfarería

En Mexicali se elaboran piezas utilitarias de barro poroso rojizo.

Textiles

Existe una discreta producción de sarapes de algodón y de lana tejidos en telar de pie, pero la mejor artesanía es el trabajo de macramé de algodón, con el cual se tejen bolsas, cortinas, manteles, cinturones, cigarreras, maceteros y lámparas de pie.

Madera

Se producen muebles rústicos y hermosas miniaturas de barcos de vela y carretas de colonizadores.

Vidrio

Con el vidrio estirado se hacen figuras y exquisitas miniaturas.

Corcho

Una artesanía exclusiva es la elaboración de flores y animales hechos de corcho.

Barro poroso bruñido, de formas modernas Mexicali (arriba)

Carretas de madera, en miniatura, en las que se puede observar la minuciosidad del artesano (abajo)

Poblaciones que producen artesanías

Mexicali	Alfarería.
San Luis Gonzaga	Barquitos de madera. Artículos de macramé. Flores y animales de corcho.
Tijuana	Sarapes de algodón y de lana tejidos en telar de pie. Vidrio estirado.

Baja California Sur

En la Paz se fabrican bonitas coronas de hojalata pintada (arriba)

La cestería desempeña un papel muy importante en la vida cotidiana. El Triunfo (abajo

Madera

Se fabrican muebles rústicos.

Fibras vegetales

Con el corazón de la palma se tejen bonitos manteles individuales y también con la palma se confeccionan sombreros.

Metales

Las piezas más originales son las coronas de hojalata pintadas con vivaces colores.

Piel

En Miraflores se trabaja la piel en la confección de talabartería de tipo tradicional.

Concha y caracoles

Existe una vasta producción de collares, coronas, pulseras, aretes y cuadros de conchas y caracoles.

Poblaciones que producen artesanías

El Triunfo	Manteles individuales de palma. Trabajos de conchas y caracoles.
La Paz	Artículos elaborados con conchas y caracoles. Cestería. Coronas de hojalata pintadas.
Miraflores	Talabartería.

Sonora

Alfarería

La poca alfarería que se elabora en este estado es utilitaria, con diseños muy primitivos y formas burdas. Se realiza en barro poroso y destacan en ella las grandes tinas con tapa producidas en Capomos. Las piezas mejores son los cántaros rojos con incisiones que elaboran los indios pima de Yécoras.

Los collares de cuentas de barro pintados de azul, que los indígenas usan con su atuendo típico son muy bonitos.

Textiles

Además del telar de cintura, con el que se confeccionan ceñidores y morrales, en la región se usa un curioso telar de forma horizontal y montado sobre troncos bajos, en el cual se tejen sarapes y cobijas de lana con una gran variedad de diseños y colores.

Joyería

En Sonora, Álamos y Rancho Uvalama —una población artesanal a 6 km de Álamos—, se fabrica joyería moderna de oro y de plata.

Metales

En los mismos lugares donde se trabajan los metales preciosos —Sonora, Álamos y Rancho Uvalama— también se realiza una buena producción de hojalatería artísticamente trabajada: candeleros, marcos, cajas y charolas.

Se tejen bellos sarapes de lana en el telar de troncos. Bacabachic

Madera

En Álamos, además, se fabrican muebles de una madera llamada huásima y en todo el territorio se hacen banquitos diagonales de madera y con asiento de vaqueta.

Las máscaras que se realizan aquí son muy singulares, ya que llevan pelo y barba de vello de cabra y están pintadas en rojo, negro y blanco. En Aribechi se tallan grandes bateas, muy usadas para lavar y amasar. Hay, asimismo, una buena producción de instrumentos musicales: violines, arpas, guitarras y tambores. Pero las piezas verdaderamente maravillosas son las figuras de animales y aves marinas en palo fierro, material de una gran dureza que tallan en Bahía Kino y Punta Chueca.

Fibras vegetales

Como todos los pueblos de las zonas áridas, los sonorenses son muy hábiles en el empleo de fibras vegetales: hacen cestería de carrizo, entre la que destacan los grandes canastos cuadrados; canastas y cunas de vara y de palma; sombreros, cinturones de fibra con canutillos de carrizos colgantes, etc. La mejor producción es la de Desemboque; en Babicora Warihio, acostumbran tejer unos canastos de sotol que los indígenas usan exclusivamente para guardar hierbas medicinales y remedios caseros. En Sejaki Warihio se fabrica una cestería muy singular, hecha con varas atadas con tiras de piel y cubierta con malla de fibra de agave.

Máscara ceremonial de madera pintada usada por los indios mayos de Baurú (izquierda)

Banquitos de madera y piel de venado, de origen prehispánico. Babicora (arriba derecha)

Hermosas figuras talladas y pulidas de una madera muy dura llamada palo-fierro. Bahía Kino (abajo)

Piel

La manufactura de artículos de piel es bastante difundida en todo el estado y se considera que la mejor producción es la de Álamos, donde se fabrican chamarras, huaraches, cinturones, bolsos, carteras, sillas de montar y botas. La piel de víbora es empleada en la región para hacer collares.

Una prenda sumamente curiosa que usan los indígenas de la entidad son las pieles de pelícano, disecadas con todo y la cabeza del animal, que utilizan para protegerse del frío. Del hueso, hacen botones.

Merece destacarse la fabricación de collares: se hacen de semillas, de conchas, de caracoles, de antenas de langosta, de vértebras de tiburón, de huesecillos de pájaros, de coral, de crustáceos y de pelo humano, también muy curiosas son las cantimploras, hechas de vejiga de tortuga y pintadas en azul y naranja.

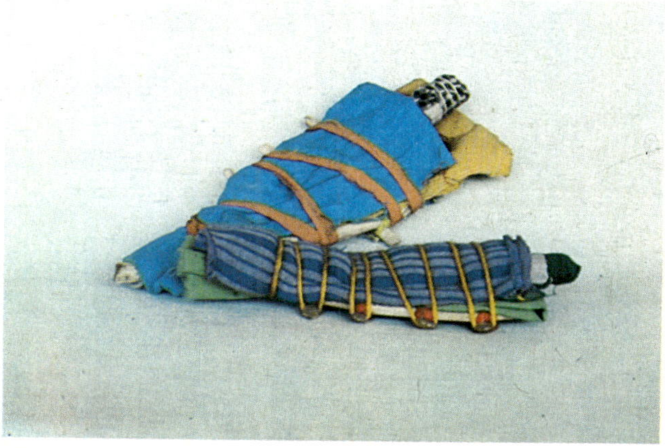

Como todos los pueblos de las zonas áridas, los seris son hábiles tejedores de fibras vegetales (arriba derecha y abajo izquierda)

Muñecas de trapo hechas con retazos de tela, que son el juguete favorito de las niñas indígenas seris. Bahía Kino (abajo derecha)

Poblaciones que producen artesanías

Álamos	Muebles de madera. Sillas de montar. Cestería de palma. Talabartería. Joyería de oro y plata. Hojalatería artística.
Aribechi	Bateas de madera.
Babicora Warihio	Cestería de sotol.
Bacabachic	Sarapes de lana tejidos en telar de pie.

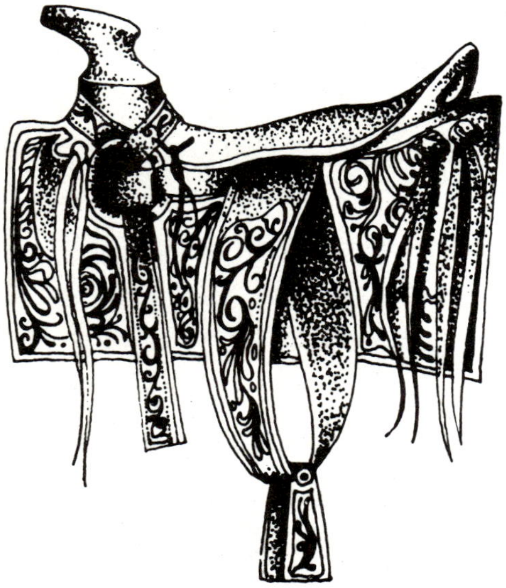

Bahía Kino	Figuras de madera en palo fierro. Collares de pelo humano, conchas, caracoles, semillas, piel de víbora, huesecillos de pájaros y de langosta y otros crustáceos. Muñecas de madera vestidas con ropa de algodón.
Bauru	Máscaras de madera tallada. Instrumentos musicales.
Cahuinagua	Cestería de palma.
Capomós	Alfarería utilitaria de barro.
Chapakobán	Máscaras de madera tallada. Instrumentos musicales. Cinturones de fibras y carrizo.
Choaquaye	Sarapes de lana en telar de troncos y ceñidores.
Desemboque	Cestería. Alfarería utilitaria. Chamarras de pelícano disecado. Instrumentos musicales. Botones de hueso. Collares de conchas y caracoles. Figuras de animales de palo fierro. Muñecas de madera ataviadas con ropa de algodón.
El Salitral	Sarapes y ceñidores de lana, en telar de troncos.
Hermosillo	Muebles de madera.
Jitombrumui	Máscaras de madera.
La Bocana	Máscaras de madera.
Las Ánimas	Sarapes, ceñidores y morrales de lana, en telar de troncos.
Las Bocas	Sarapes de lana y ceñidores de lana, en telar de troncos.
Los Yakis	Instrumentos musicales.
Maicoba	Sarapes y cobijas de lana, en telar de pie
Masiaca	Ceñidores de lana en telar de cintura. Máscaras de madera.

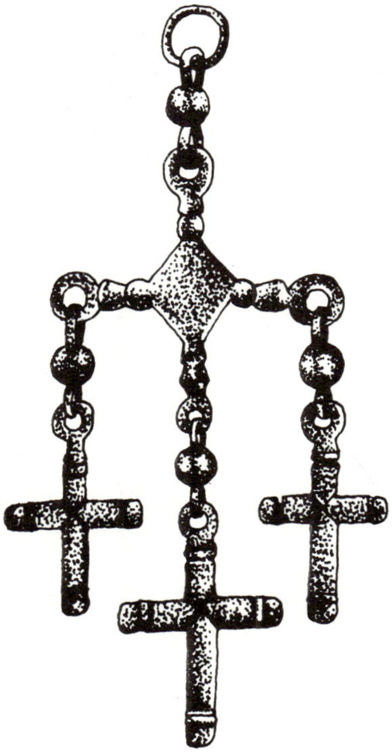

Moroncarit	Sarapes de lana y ceñidores, en telar de troncos.
Onavas	Sarapes y cobijas de lana, en telar de troncos. Instrumentos musicales. Cestería de palma.
Pascola Sash	Sarapes de lana y ceñidores, en telar de troncos.
Pueblo Viejo	Cestería de vara.
Puerto Peñasco	Collares de conchas, caracoles y corales.
Punta Chueca	Cestería tejida con torote. Instrumentos musicales. Collares de concha y caracoles.
Quipur	Sombreros de palma.
Rancho de Uvalama	Alfarería utilitaria. Joyería de oro y plata. Hojalatería artística.
Rincón del Alizo	Sarapes y ceñidores de lana en telar de troncos.
San Pedro	Cestería de carrizo.
Sejaki Warihio	Sarapes y ceñidores de lana, en telar de troncos. Cestería de vara.
Sinahuisa	Sarapes y ceñidores de lana, en telar de troncos.
Sirabampo	Sarapes, cobijas y ceñidores de lana, en telar de troncos.
Sonora	Sillas de montar, artículos de piel, hojalatería artística.
Teachive	Sarapes, cobijas y ceñidores de lana, en telar de troncos.
Yécora	Alfarería utilitaria. Sarapes, cobijas y ceñidores de lana, en telar de troncos.

Chihuahua

Alfarería

La alfarería de Chihuahua es muy interesante, ya que es una de las pocas en el país que todavía se elabora con el sistema prehispánico del enrollado. En general es burda, de tipo utilitario y con una sencilla decoración color crema, pero presenta variedad de tipos: cántaros, comales, cajetes, ollas y pipas de barro rojo. En Tehuerichic se fabrican unos bonitos cajetes rojos con cenefa y decoración color ocre, al igual que en Sisoguichic donde los cántaros, las ollas y las vasijas con asa están decoradas en el mismo color, a su vez, en Chihuahua se hacen braceros de barro poroso color naranja y floreros ceremoniales de barro vidriado; en Casas Grandes se produce cerámica policromada.

En Caborachic —al igual que en Calkiní, Camp. y en Tlayacapan, Mor.—, como parte de un programa gubernamental de fomento a las artesanías, se instalaron hace poco tiempo alfares de alta temperatura que producen vajillas en color natural y adornadas con una cenefa café o azul.

Lo más interesante de la alfarería de Chihuahua es que conserva muchos rasgos antiguos. Ricubichic

Muchos de los ceñidores tejidos por los indígenas tarahumaras tienen diseños estupendos. Barranca del Cobre (izquierda)

En Chihuahua —al igual que en Sonora— se usa el telar horizontal de troncos para elaborar sobrios sarapes y cobijas de lana. Barranca del Cobre (derecha)

Los trabajos en madera de los artesanos de Chihuahua son de hermoso colorido

Textiles

Los tarahumaras que habitan en la Barranca del Cobre usan el telar de troncos enterrados en la tierra, muy diferente del telar de pie que trajeron los españoles, y en él tejen excelentes sarapes de lana, en colores naturales, el único adorno que les ponen es una cenefa naranja o azul en la orilla. Para tejer los bellísimos ceñidores negros con diseños en blanco que usan ellos, se valen del telar de cintura. Especialmente apreciados también son los sarapes y las cobijas de Borigami y Urique.

Las mujeres de Chinipas, por su parte, se han especializado en el bordado y en el tejido de gancho, realizado en algodón.

Entre la vasta producción de sarapes de telar de pie que se tejen en Ciudad Juárez, los más originales son los de pelo de burro mezclado con algodón hidrófilo, es decir, el algodón que se utiliza para curaciones y que se compra en la farmacia; estos sarapes tienen gran demanda entre los turistas que visitan la ciudad.

Muñecas tarahumaras de madera con vestidos de algodón. Lachichic (izquierda)

Morral de vaqueta elaborado en Ciudad Juárez (arriba derecha)

Tortilleros tejidos con fibra de una palma local. (centro)

Cestos para guardar hierbas medicinales (abajo derecha)

Joyería

En Ciudad Juárez se elabora orfebrería moderna de oro y plata.

Madera

La madera se usa casi exclusivamente para fabricar artículos necesarios para la vida cotidiana y las ceremonias de los grupos indígenas, como instrumentos musicales muy rústicos, en especial guitarras y violines de pino, con cuerdas hechas con cerda de caballo, flautas y tambores. Para un juego ritual tarahumara se usan pelotas de encino, del mismo material se hacen máscaras adornadas con pelo de animal, así como figuras y bastones de mando decorados con grecas coloradas.

Fibras vegetales

La cestería, de profundas raíces prehispánicas, es la más bella artesanía que se produce en el estado. Además de la abundancia de formas y de la alta calidad de los tejidos —algunas canastas se usan para transportar líquidos—, es interesante la decoración hecha con fibras de colores diseñados con simbolismos cuyos significados se pierden en el tiempo.

Además, se hacen collares y rosarios con diversos tipos de semillas y también sonajas de tubérculos secos rellenos con piedritas.

Piel

En distintos lugares se fabrican huaraches, pero es en Ciudad Juárez donde abunda el trabajo de la piel. Además de sillas de montar, botas, arreos, etc., hay una floreciente producción de chamarras, bolsos, carteras, monederos, velices, portafolios, trajes, y muchos objetos más.

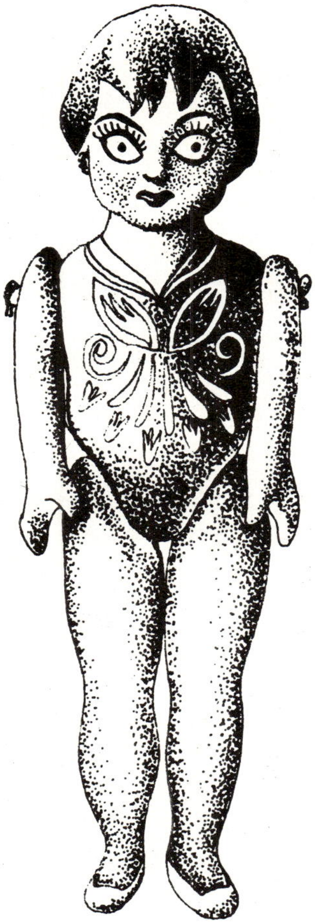

Poblaciones que producen artesanías	
Aeroponapuchic	Animales y muñecas de madera vestidas con telas de algodón.
Barranca del Cobre	Sarapes y ceñidores de lana, en telar de troncos. Máscaras y muñecas de madera vestidas con telas de algodón. Cestería y juguetes de carrizo.
Borigame	Sarapes, cobijas y ceñidores de lana, en telar de troncos. Alfarería utilitaria.
Caborachic	Vajillas de alta temperatura.
Cañón de Batopilas	Máscaras de madera decoradas con piel de vaca.
Casas Grandes	Cerámica utilitaria policromada.
Ciudad Juárez	Sarapes de algodón y pelo de burro, en telar de pie. Vidrio estirado. Talabartería. Joyería. Sillas de montar.
Chinipas	Vestidos y blusas bordados. Tejidos de gancho.
El Divisadero	Instrumentos musicales. Figuras de madera, máscaras. Cestería de palma.
Fariseo Tehuerichic	Instrumentos musicales. Bastones de madera. Cestería de carrizo.
Ricubichic	Alfarería utilitaria. Instrumentos musicales. Cestería de carrizo.
Samachique	Instrumentos musicales y máscaras de madera tallada.
Sisoguichic	Alfarería utilitaria. Cestería de carrizo.
Urique	Alfarería utilitaria. Sarapes, cobijas y ceñidores de lana en telar de pie.
Valle Coronado	Madera tallada y máscaras.

Tamaulipas

Las chamarras de gamuza adornadas con flecos se han convertido en símbolo de los norteños. Ciudad Victoria

Poblaciones que producen artesanías	
Ciudad Tula	Talabartería.
Ciudad Victoria	Talabartería.
Nuevo Laredo	Vidrio soplado. Muebles de madera y de hierro, para jardín. Candiles y metales. Flores de papel. Figuras de papel maché. Lapidaria.
Tampico	Talabartería. Muebles de madera. Miniaturas de bagazo de caña.

Metal

En Nuevo Laredo se trabaja el hierro forjado, con una buena producción de muebles, candeleros, candiles, rejas y balconería.

Piel

La artesanía más abundante es el empleo de la piel, que sirve para talabartería de tipo tradicional: sillas de montar, aparejos, morrales, fundas y botas; y sobre todo artículos modernos como abrigos, sacos, bolsos. Las chamarras de piel adornadas con gamuza y flecos se han vuelto el rasgo distintivo de la gente norteña.

Fibras vegetales

Además de una vasta producción de bella cestería, en Tamaulipas se elaboran unas graciosas miniaturas de templos y capillas hechas con bagazo de caña.

Vidrio

Recientemente se ha instalado en Nuevo Laredo una industria de vidrio soplado, que produce vasos, copas, jarras, floreros y figuras de adorno.

Papel

Con mucha imaginación se elaboran figuras de papel maché y flores de alegres colores.

Lapidaria

En algunos pueblos se tallan figuras y juegos de café, de ónix.

Sinaloa

Alfarería

Varios pueblos se dedican a fabricar alfarería, pero su producción se reduce a artículos para uso doméstico local; destacan las miniaturas de animales y las pipas.

Textiles

La producción es bastante limitada, en su mayoría formada por prendas tradicionales: sarapes, morrales y ceñidores de lana tejidos en telar de pie, en Ahome, Concordia y El Fuerte; en este último pueblo se usa además, el telar de cintura para confeccionar morrales de algodón con muy bellos diseños.

Madera

Tanto el tallado de máscaras como los muebles rústicos se producen en varias localidades. El trabajo más sobresaliente son los muebles tallados de San Ignacio.

Fibras vegetales

Para elaborar jarciería, morrales, hamacas, sombreros y cestería, se usan todas las fibras que hay en la región, en especial la palma, el yute, el ixtle, la paja y el soyate, particularmente usado para la confección de sombreros.

Piel

El Fuerte, Mazatlán y Rosario, entre otras, se destacan por la manufactura de artículos de piel: sillas de montar, botas, huaraches, chamarras, bolsos, monederos, velices y demás artículos de amplio mercado.

Como artesanía muy especial encontramos las hermosas tallas artísticas, hechas de cuerno o de concha nácar en el puerto de Mazatlán.

Máscaras ceremoniales sumamente originales por su fuerte colorido y su decoración de significado mágico-religioso. El Fuerte (izquierda y derecha)

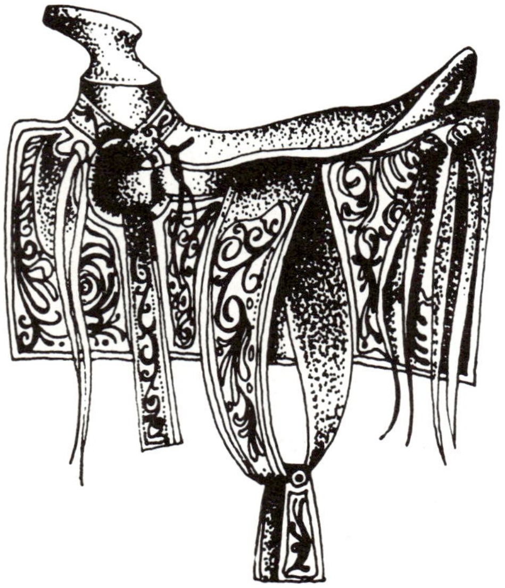

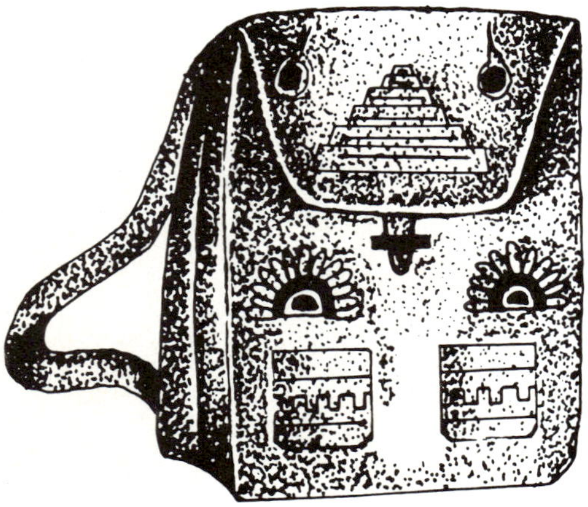

Poblaciones que producen artesanías	
Ahome	Sarapes, cobijas, ceñidores y morrales de lana, en telar de pie. Madera tallada. Cestería de palma. Jarciería. Flores y coronas de papel.
Angostura	Madera tallada. Jarciería. Cestería de paja o palma.
Badiraguato	Sillas de montar. Talabartería. Madera tallada.
Concordia	Alfarería de barro. Sarapes, cobijas, ceñidores y morrales de lana, en telar de pie. Muebles y máscaras de madera. Cestería de palma. Sombreros de huano y palma. Sillas de montar. Jarciería.
Cosalá	Madera tallada, máscaras y muebles. Cestería de palma. Sillas de montar. Jarciería.
Culiacán	Vestidos y blusas de algodón bordados a mano. Alfarería utilitaria. Flores y coronas de papel. Piñatas. Muebles de madera.
Choix	Alfarería utilitaria de barro. Cestería de palma. Jarciería.
El Fuerte	Alfarería utilitaria de barro. Sarapes, cobijas, morrales y ceñidores de lana en telar de pie. Madera tallada. Sillas de montar. Jarciería. Flores y coronas de papel. Piñatas.
El Rosario	Alfarería utilitaria de barro. Artículos de piel. Sillas de montar. Cestería y sombreros de palma.
Elota	Alfarería utilitaria de barro.
Guasave	Alfarería utilitaria de barro.
Mazatlán	Alfarería utilitaria de barro. Artículos de piel. Sillas de montar. Cestería y sombreros de

	palma. Flores y coronas de papel. Piñatas. Tallas artísticas de cuerno o concha nácar.
Mocorito	Artículos de piel. Sillas de montar. Alfarería de barro utilitario. Cestería y sombreros de palma.
Picachitos	Alfarería utilitaria de barro, animalitos, juguetes y pipas. Morrales y ceñidores de algodón, en telar de cintura. Cestería de palma. Hamacas de ixtle.
San Ignacio	Muebles de madera tallada. Jarciería. Cestería de palma.
San Salvador Alvarado	Muebles de madera tallada y máscaras. Cestería y sombreros de palma. Jarciería.
Santa María Escuinapa	Sombreros tejidos con soyate. Morrales de ixtle en telar de cintura. Alfarería utilitaria de barro. Cestería y alforjas.

Coahuila

Los sarapes de Saltillo, cuyo alegre colorido los ha hecho famosos mundialmente (arriba)

Verdadera pieza de museo es este sarape antiguo de lana tramada con seda, tejido en telar de cintura. Saltillo (abajo)

Alfarería

Saltillo es el único lugar donde hay obrajes de alfarería utilitaria.

Textiles

Probablemente los sarapes más famosos de la república son los de Saltillo, con sus anchas franjas de brillantes colores. Además, se tejen cobijas, tapetes y otras prendas tradicionales: muy típicos son los jorongos azules y los blancos con puntos rojos.

Joyería

Se elabora joyería de oro y de plata en estilo moderno.

Metales

Se forjan muebles de hierro para jardín.

Madera

Se fabrican muebles, marcos y cajitas de madera bellamente tallada.

Poblaciones que producen artesanías

Piedras Negras	Muebles rústicos de madera y palma.
Saltillo	Alfarería utilitaria. Sarapes de lana en telar de pie. Joyería moderna de oro y plata. Muebles de hierro para jardín, balconería y herrería artística. Lapidaria. Muebles de madera, marcos y cajitas talladas. Talabartería. Sillas de montar.

Nuevo León

Alfarería

En Villa Santiago hay un alfar que se dedica a la elaboración de macetas de barro poroso.

Metales

Existe una buena producción de faroles, candeleros y candiles de hierro forjado.

Madera

La mayor artesanía del estado es la industria mueblera, con una amplia producción de bellas piezas modernas y muebles de tipo español. En Bustamante se fabrican sillas rústicas, con asiento de palma, y juguetería de madera.

Fibras vegetales

Hay cestería de mimbre, carrizo y palma, con la cual se elaboran sombreros, tortilleros y costureros bordados con estambre.

Piel

La talabartería tradicional se ha enriquecido recientemente con la confección de trajes, maletas, chamarras, sacos, cinturones y bolsos.

Vidrio

El vidrio, que se comenzó a trabajar en forma artesanal, se ha convertido en una de las más poderosas industrias de Monterrey.

En Monterrey existe una vasta producción de modernas prendas de piel

Poblaciones que producen artesanías	
Bustamante	Sillas rústicas con asiento de palma; sombreros, tortilleros y costureros de palma bordados con estambres.
Hualahuises	Talabartería. Juguetes de madera.
Monterrey	Muebles de madera modernos y de tipo colonial. Artículos modernos de piel; arreos para charrería. Hierro forjado. Cantera labrada. Velas artísticas.
Villa Santiago	Macetas de barro. Cestería de mimbre y carrizo.

San Luis Potosí

La alfarería de Tantoral es de óptima calidad, bonita forma y discreta decoración (arriba)

El rebozo más bello del país se teje en Santa María. Es de seda tan delgada que pasa a través de un anillo; se guarda en una bonita caja de madera taraceada (abajo)

Alfarería

La producción alfarera está limitada a piezas de barro poroso, bastante burdas, para uso doméstico, empero, en Tantoral elaboran loza de inmejorable cantidad y en Sierra de Valles decoran cántaros, cajetes y ollas al pincel.

Textiles

Se considera que la mejor artesanía del estado son los textiles, tanto de lana como de algodón, todos de óptima calidad y con espléndidos bordados en punto de cruz. Especialmente hermosos son los morrales y los quechquemitl de San Antonio y de Tancanhuitz, ahora Ciudad Santos.

En lana confeccionan sarapes, cobijas, jorongos, enredos y demás prendas típicas, mientras que el algodón se usa para quechquemitl, morrales, colchas y mantelería profusamente bordada.

El artículo más fino que se elabora en esta entidad, famoso en todo el país y apreciado en el extranjero, es el rebozo de seda de Santa María, hecho en un tejido tan delgado que pasa a través de un anillo; generalmente se guarda en una preciosa caja de madera taraceada. También hacen rebozos de artisela de muy buena calidad.

Joyería

Se encuentra en el estado joyería moderna de oro y de plata y en la población de Soledad Díez Gutiérrez los orfebres se dedican a producir cuentas de filigrana para engarzar collares.

Metal

Al igual que en otros lugares con fuerte influencia colonial, también en San Luis Potosí se trabaja.

el hierro forjado en forma de rejas, balconería y faroles. En Cerritos hay, además, un taller de cuchillería.

Madera

La producción mueblera es abundante: en varios pueblos se fabrican mesas, mecedoras, y muebles rústicos con asiento de palma o de bejuco. La mueblería de cedro rojo y de huacalillo que se realiza en San Martín Chalchicuatla, al igual que los muebles tallados de Ciudad Santos, son muy estimados por su fina elaboración.

Los artesanos de Matlapa se han especializado en la fabricación de guitarras, violines, pies de lámpara y juguetería, en esta última rama destaca la imitación en miniatura de las carretas usadas por los colonizadores.

Preciosa «tabla» huichol relacionada con la fertilidad

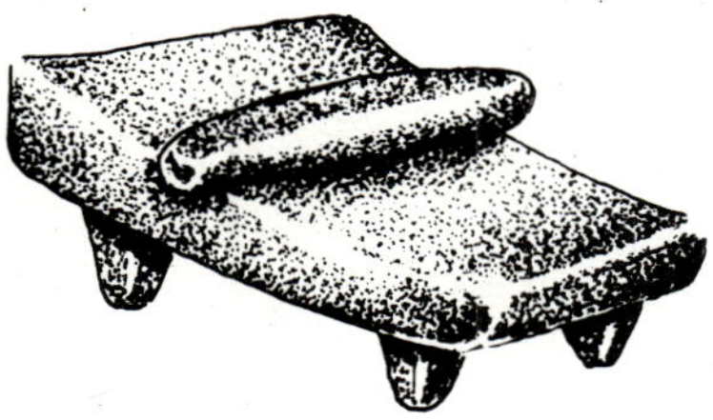

Poblaciones que producen artesanías

Ahualulco	Loza utilitaria de barro. Bolsas de ixtle, tapetes, pasillos y manteles individuales. Cestería de palma y jarciería.
Alaquines	Sillas rústicas. Cestería. Maceteros.
Aquismón	Sillas rústicas. Petates, sopladores.
Armadillo de los Infantes	Talabartería. Metates y molcajetes.
Cárdenas	Cestería de palma y bejuco. Huaraches.
Cañada de Yáñez	Morrales y ceñidores de lana, en telar de cintura.
Catorce	Sarapes, jorongos y cobijas de lana, en telar de pie. Imágenes de madera tallada.
Cerritos	Mecedoras y mesas de madera. Jaulas de carrizo. Tapetes de ixtle. Peines de madera. Cuchillos, machetes y dagas. Sillas de montar.

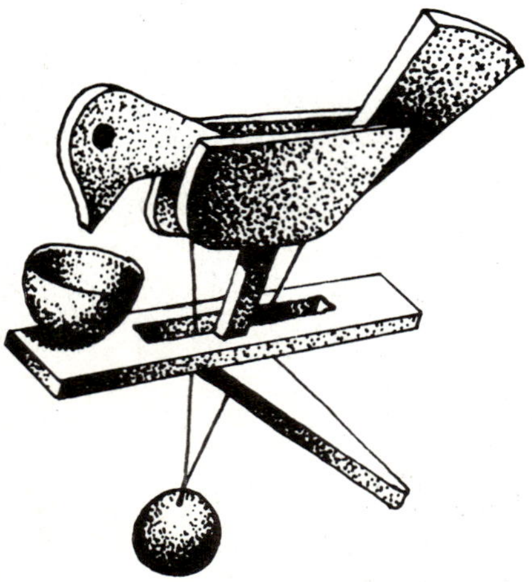

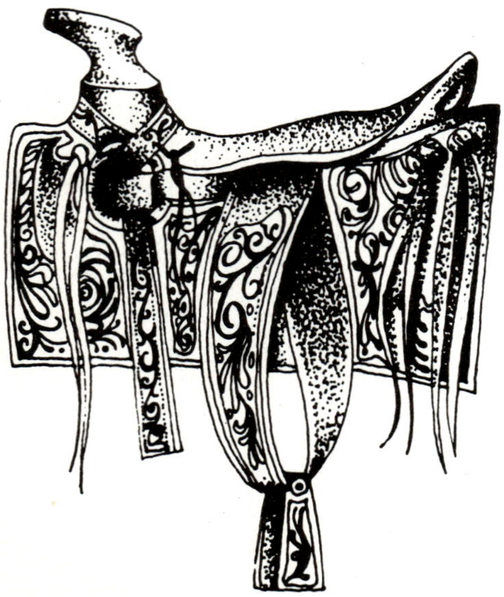

Ciudad del Maíz	Loza utilitaria de barro. Muebles de madera con bejuco. Máscaras de madera tallada. Talabartería. Sillas de montar.
Ciudad Santos (Tancanhuitz)	Quechquemitl, morrales y ceñidores de algodón y lana, en telar de cintura. Madera tallada.
Coxcatlán	Morrales bordados con lana y tlacoyales.
Cuatlamayan	Quechquemitl bordados y enredos de lana, en telar de cintura. Tlacoyales de lana.
Charcas	Loza utilitaria de barro. Muñecos en barro. Hierro forjado.
Guadalcázar	Talabartería. Tapetes de ixtle y figuras de raíz.
Lagunillas	Cestería de palma.
Matehuala	Sombreros de palma. Flores de papel y de tela. Retablos.
Matlapa	Chamarras de piel. Instrumentos musicales. Flores de papel. Pies de lámpara y juguetes de madera.
Moctezuma	Alfarería utilitaria. Talabartería. Tejidos de malla, colchas y manteles. Velas escamadas. Sarapes y cobijas de lana, en telar de pie.
Río Verde	Talabartería.
Salinas	Sarapes de lana en telar de pie. Molcajetes y metates de piedra.
San Antonio	Loza utilitaria de barro. Quechquemitl, morrales, ceñidores en telar de cintura.
San Luis Potosí	Joyería de oro, plata y filigrana. Tapetes de ixtle. Velas escamadas. Retablos.
San Martín Chalchicuatla	Muebles de cedro rojo.

Santa Catarina	Cestería de palma. Metates y molcajetes de piedra.
Santa María del Río	Rebozos de seda natural en telar de cintura. Muebles y cajas de madera taraceada. Bordados. Canastitas y figuras de lechuguilla.
Sierra de Valles	Loza utilitaria de barro.
Soledad Díez Gutiérrez	Loza utilitaria de barro. Joyería de fantasía.
Tamacapán	Muebles de cedro rojo. Artículos de piel. Metates y molcajetes.
Tamaletón	Enredos de lana en telar de cintura. Quechquemitl de algodón y morrales bordados. Tocados de lana.
Tamazunchale	Enredos de lana en telar de cintura. Quechquemitl y morrales de algodón, bordados. Carretas de madera y piel. Talabartería. Cestería de zapupe y palma.
Tantoral	Loza utilitaria de barro.

Durango

Los sombreros de palma son particularmente elegantes y bien acabos. Santa María Ocotán (izquierda)

Vistosos morrales de lana elaborados en telar de cintura y con la decoración entretejida. San Pedro Xícora (derecha)

Alfarería

En la capital del estado se fabrican diversos artículos de cerámica para uso doméstico.

Textiles

En el poblado de Guajolote se utiliza el telar de pie para confeccionar, como en épocas pasadas, sarapes y cobijas de lana. Y también de lana son los ceñidores y los hermosos morrales de colores brillantes tejidos en telar de cintura, que se elaboran en San Francisco Ocotán y en San Pedro Xícora.

Madera

Es frecuente encontrar máscaras talladas de madera. En Durango se fabrican muebles convencionales de buena calidad y hay muchos artesanos dedicados a tallar figuras religiosas.

Fibras vegetales

Abundante cestería. Elaboración de sombreros de palma. Un artículo exclusivo son los morrales de ixtle que se tejen en Santa María Ocotán.

Vidrio

Existe un taller en Durango donde se trabaja el vidrio de molde, el cual es de color azul esmaltado y decorado con oro siguiendo diseños europeos.

Lapidaria

La cantera es labrada aquí de manera muy artística.

Artesanía singular y de gran éxito son los llaveros y pisapapeles de plástico transparente que llevan en su interior un alacrán.

Poblaciones que producen artesanías	
Durango	Muebles de madera tallados; imágenes religiosas. Cerámica. Hierro forjado. Vidrio esmaltado y decorado con oro. Cantera labrada. Llaveros y cajas de plástico, con alacranes dentro.
Guajolote	Sarapes y cobijas, en telar de pie.
Huasamota	Escobetas decoradas para cepillarse el pelo.
San Francisco Ocotán	Morrales en telar en cintura.
San Pedro Ocotán	Morrales de lana en telar de cintura.
San Pedro Xícora	Morrales de lana en telar de cintura.
Santa María Ocotán	Morrales de ixtle. Huaraches. Cestería, sombreros de palma.

Nayarit

Alfarería

En muchos pueblos se elabora alfarería de barro poroso, sin decoración, de tipo doméstico y para uso local. A la producción utilitaria en Ixtlán, se le añade la fabricación de copias de piezas prehispánicas.

Textiles

Al igual que en los demás estados donde se encuentran asentados los huicholes —Jalisco, Zacatecas, San Luis Potosí—, también en Nayarit la rica manufactura de las prendas indígenas representa la mejor expresión de los textiles que se elaboran en la región. Los trajes de manta bordados en punto de cruz, los morrales de lana o de algodón, las fajas y los ceñidores con adornos de chaquira —que los miembros de esa comunidad indígena trabajan con suma habilidad—, son los artículos más exquisitos y de mayor interés en la región.

Metales

En Acaponeta se hace mucho trabajo de herrería, especialmente rejas, balcones, canceles y muebles para jardín.

Las flores amarillas del traje nos indican que este indígena pertece al grupo cora-huichol (izquierda)

También el vestido de las mujeres cora-huicholes es sumamente rico en finos bordados (derecha)

Estupendo collar cora-huichol elaborado con chaquira. Alta Vista

Madera

Las sillas rústicas con asiento de palma realizadas en Jala tienen un amplio mercado en la entidad y lo mismo sucede con los muebles modernos fabricados en Tepic. En todo el territorio se fabrican violines y tambores con cubierta de pergamino y se tallan máscaras.

Fibras vegetales

Se elabora en este estado toda clase de jarciería y cestería, así como morrales de ixtle y redes de fibra de pita. En Jala hay unos elegantísimos equipales de alto respaldo de carrizo y vara, copia de los de mando utilizados por los jefes huicholes.

Piel

Tepic, Acaponeta, Ahuatlán y Amatlán de Cañas son poblaciones donde se trabaja la talabartería en forma notable: desde sillas de montar hasta maletas y bolsas, todos los artículos son muy finos y de la mejor calidad.

Vidrio

Hace pocos años se estableció en Ixtlán un taller de vidrio soplado que produce vasos, copas, jarras, floreros y objetos ornamentales.

Lapidaria

Jala, además de sus equipales, es famosa por los macetones, columnas y bancas de cantera de colores, hermosamente tallados.

Poblaciones que producen artesanías

Acaponeta	Talabartería. Jarciería. Herrería. Redes. Morrales y ceñidores de lana en telar de cintura.
Ahuatlán	Talabartería. Sillas de montar. Jarciería.
Alta Vista	Textiles y demás artículos huicholes.
Amatlán de Cañas	Talabartería y jarciería.
Guadalupe Ocotán	Todo lo que producen los corahuicholes para su vida tribal.

Huajicori	Todo lo que producen los cora-huicholes.
Ixtlán del Río	Vidrio soplado. Alfarería utilitaria. Copias de piezas prehispánicas en barro.
Jala	Lapidaria. Cestería de palma y carrizo. Equipales. Muebles rústicos de madera.
Jesús María	Alfarería utilitaria y todos los artículos que elaboran los cora-huicholes.
La Mesa del Nayar	Todo lo que producen los cora-huicholes.
Las Guásimas	Todo lo que producen los cora-huicholes.
Las Juntas	Todo lo que producen los cora-huicholes.
Rancho Cuapinole	Todo lo que producen los cora-huicholes.
Rancho El Aire	Todo lo que producen los cora-huicholes.
Rancho El Limón	Todo lo que producen los cora-huicholes.
Rancho Las Juntas	Todo lo que producen los cora-huicholes.
San Francisco Caymán	Todo lo que producen los cora-huicholes.
Tepic	Talabartería. Sillas de montar. Jarciería. Lapidaria. Alfarería utilitaria. Todo lo que producen los cora-huicholes.

Colima

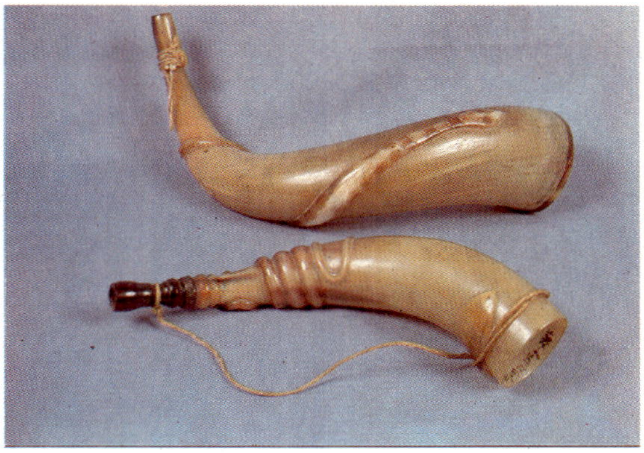

En Colima se fabrican muebles muy exclusivos (arriba)

Los indígenas de Colima acostumbran adornar sus máscaras de madera con barbas y largos cabellos rubios (centro)

Una artesanía particular es el trabajo de cuerno tallado (abajo)

Alfarería

Con barro poroso se elabora alfarería de tipo utilitario. De gran calidad son las copias de piezas prehispánicas del occidente de mesoamérica, entre las que destacan las grandes figuras humanas y las pipas.

Textiles

Se confeccionan con tela comercial, vestidos y blusas bordadas. Muy bonito, aunque de creación reciente, es el traje regional de manta blanca con la imagen de la Virgen de Guadalupe bordada en color café en el huipil.

Hay mucho trabajo de gancho: carpetas, blusas, manteles y otros artículos de uso diario.

Metales

En Comala se fabrican muebles de hierro forjado.

Madera

La mejor artesanía del estado es la fabricación de bellísimos muebles de cedro rojo, con reminiscencias españolas y decorados al óleo. Se hacen sillones con asiento de vaqueta y se tallan máscaras ceremoniales muy originales, adornadas con largas cabelleras y barbas.

Fibras vegetales

Hay cestería y sombreros de palma, bolsas de fibra de palmera, anillos de coyol, morrales de ixtle y máscaras y cabezas esculpidas en coco y pintadas.

Piel

Se producen sillas de montar y aparejos.

Una artesanía muy peculiar es el trabajo de cuerno, con el cual se hacen figuras y trompetas.

Poblaciones que producen artesanías

Colima	Muebles de cedro decorados al óleo. Copias prehispánicas de barro. Sillas de montar, asientos de vaqueta. Bolsos de fibras de palmera. Máscaras de madera tallada. Trabajos de cuerno. Flores de papel.
Comala	Muebles de madera decorados al óleo. Muebles de hierro forjado.
Manzanillo	Cestería y sombreros de palma.

Zacatecas

También en Zacatecas habitan indígenas huicholes que usan con suma habilidad la chaquira para decorar los objetos de su tradición ancestral (arriba)

Alfarería

La mejor producción de tipo moderno, es la mayólica blanca con decoración chorreada de colores muy fuertes. Las formas más comunes son floreros, jarras y unas ollas muy singulares con la tapa formada por una cara de mujer.

Textiles

Zacatecas, Guadalupe, Villa García, Jerez y algunas otras poblaciones son grandes productoras de sarapes, cotorinas, cobijas y jorongos de lana, hechos en telar de pie, pero las piezas más originales son los grandes sarapes —únicos en todo el país— que llevan entretejida la imagen de algún personaje famoso de nuestra historia.

La mejor producción es la mayólica blanca con decoración «chorreada» en colores muy fuertes. Jerez de García Salinas (abajo)

Los indios huicholes que habitan en el estado manufacturan sus prendas tradicionales, los que por su belleza, encuentran un amplio mercado. El traje de este grupo es de manta blanca, con bordados en punto de cruz; se complementa con una especie de capa, también de manta, con una ancha franja de lana roja, adornada con colgantes de chaquiras o semillas, ceñidores y morrales de lana, y un sombrero de paja adornado con borlas y plumas.

Como parte de su bagaje cultural, los huicholes elaboran con estambres de lana unas hermosas tablas que tienen un profundo significado mágico-religioso, al igual que el llamado Ojo de Dios, las máscaras y las jícaras recubiertas de chaquira.

Metal

Recientemente se ha instalado un taller donde se producen objetos modernos, sobre todo candeleros de zinc, cobre y latón.

Madera

Se fabrican muebles modernos de mezquite y de encino. Y además, en Zacatecas y en Guadalupe se hacen unos muy bellos con marquetería de metales. Abunda también el pirograbado para adornar cajas, marcos y alhajeros que se hacen en madera taraceada. Entre las tallas de madera sobresalen las máscaras y las imágenes religiosas.

Piel

En esta región se produce un vasto surtido de artículos de piel, tanto de tipo tradicional como moderno, por ejemplo, sillas de montar, botas, fundas para machetes, cinturones, chaparreras, bolsas, carteras, monederos, cigarreras con decoración pirograbada o piteada, es decir, ricamente bordada con un hilo muy fuerte en color claro.

Lapidaria

La artesanía más interesante es la talla de una amplia variedad de piedras semipreciosas que se extraen de las minas del estado; especialmente finas son las turquesas de Zacatecas.

Cada grupo huichol expresa su pensamiento mágico en los diseños de las «tablas»

Poblaciones que producen artesanías	
Carretera Panamericana km 662	Toda clase de artículos de piel.
Guadalupe	Sarapes de lana en telar de pie. Muebles de madera de encino y mezquite. Imágenes religiosas talladas en madera.
Jerez de García Salinas	Sillas de montar piteadas. Fundas de piel para machetes, cuchillos y pistolas. Alfarería utilitaria, vidriada. Sarapes de lana en telar de pie.
Justican	Alfarería utilitaria de barro.
Pinos	Sarapes, cobijas y cotorinas de lana, en telar de pie. Máscaras de madera tallada.
Villa García	Sarapes, cobijas y gabanes de lana, en telar de pie. Máscaras en madera tallada.
Villanueva	Alfarería de barro vidriado.
Zacatecas	Sarapes de lana en telar de pie. Piel y madera pirograbada. Imágenes de madera tallada. Cantera labrada. Cuadros, muebles y cajas de madera taraceada.

Aguascalientes

Alfarería

La cerámica de esta entidad es de tipo moderno, de barro vidriado blanco con decoración floral: jarras, platos, platones, vasos cilíndricos, tazas, floreros, etc. Típicos de la ciudad de Aguascalientes son, además, los jarrones con asa, que además de la decoración descrita tienen tres franjas en verde y rojo. Todas estas piezas son modernas; las únicas que delatan su antiguo origen, son unas grandes cazuelas de barro vidriado color café con decoración al pastillaje.

La mantelería blanca es una especialidad de las mujeres de Aguascalientes (arriba derecha)

Detalle del trabajo del deshilado que se hace en Aguascalientes (abajo)

Textiles

Aguascalientes son, también, los jarrones con deshilado en tela de algodón. Siguiendo una antigua costumbre, la labor se realiza en etapas que se desarrollan en diferentes pueblos: en uno

cortan la tela; en otro, ejecutan el deshilado; en el siguiente, planchan y almidonan; finalmente, ya terminado el artículo, se lleva a la capital del estado donde se vende. Con este sistema de trabajo comunitario, la artesanía más típica de la entidad contribuye a mejorar la economía de muchas poblaciones. Se confeccionan blusas, vestidos, batas, camisas, faldas, manteles, servilletas, sábanas, almohadas, toallas y cortinas entre otros. A veces al deshilado se le agregan pequeños bordados de colores tenues. Tanto el material como las labores son de calidad y muy buen gusto.

También hay prendas bordadas a máquina y otras más tejidas con gancho; con esta última técnica se confeccionan un amplio surtido de prendas para niños, así como blusas, rebozos, colchas, cojines, carpetas y manteles.

En el pueblo de Jesús María y en la capital manufacturan artículos tejidos con chaquira, también se tejen rebozos de algodón y de artisela y se elaboran sarapes de lana, parecidos a los de Saltillo.

Por último, vale mencionar la fabricación de sombreros de fieltro para charros.

Metal

Los artesanos aguascalentenses crean, con la forja del hierro, ejemplares artísticos de balconería, rejas, faroles y herrajes.

Poblaciones que producen artesanías	
Aguascalientes	Sarapes y cobijas de lana, en telar de pie. Rebozos, ceñidores y morrales de algodón, en telar de cintura. Manteles y ropa, deshilados. Vestidos y tapetes en gancho. Vestidos y blusas bordados. Ropa para bebé tejida con agujas. Blusas bordadas con chaquira. Sombreros de charro. Talabartería. Herrería artística. Imágenes de madera tallada. Juguetes de cartón.
Encarnación de Díaz (La Chona)	Deshilados, bordados y lámparas de vidrio emplomado.
Jesús María	Camisas bordadas con chaquira. Morrales bordados. Alfarería utilitaria. Herrería artística. Máscaras de madera.
Ciudad Tula	Talabartería. Abrigos, sacos, portafolios y carteras de piel.
Ciudad Victoria	Talabartería. Chamarras de gamuza con aplicaciones de cabritilla.
Nuevo Laredo	Vidrio soplado. Muebles de madera y de hierro forjado para jardín. Flores de papel.

LUGARES DE VENTA DE ARTESANÍAS EN EL NORTE

BAJA CALIFORNIA

Ensenada. Museo Regional.
Ex-Casino Riviera del Pacífico. Calle Cárdenas y Riviera.
Casa de la Cultura.
Av. Ámbar y Eucaliptos Col. Valle Verde.
Mexicali. Casa de la Cultura.
Av. Madero y Altamirano S/N.
Museo Regional del Estado.
Av. Reforma y Calle L.
Tijuana. Casa de la Cultura.
Calle París y Lisboa Col. Alatamirano.
Museo de Antropología.
Domicilio Conocido.

BAJA CALIFORNIA SUR

La Paz. Casa de la Cultura.
5 de Mayo y Madero.
Centro de Arte Regional.
Calle Chiapas y Encinas.
Museo de Antropología de Baja California Sur.
Calle Belisario Domínguez y 5 de Mayo.

Loreto. Museo de las Misiones de California.
Junto al Templo de la Misión de Nuestra Señora de Loreto.
San José del Cabo. Casa de la Cultura.

SONORA

Álamos. Museo de Arte Popular.
Artesanías en la población.
Hermosillo. Escuela de Arte.
Artístico de la Ciudad. Boulevard Agustín de Vildosola S/N INBA
Museo Regional de la Universidad de Sonora.
Histórico universitario estatal. Universidad de Sonora.
Museo Regional de Sonora
Ex-Penitenciaría del Estado.

CHIHUAHUA

Museo Regional del Estado.
Arqueológico y Colonial. Calle Bolivar.
Museo Tarahumara
Etnográfico y cultural. Reforma e Independencia.
Museo de Arte Popular. Centro Cultural de Chihuahua.
Calle Aldama 430.
Cd. Juárez Museo de Antropología
Arqueológico y Etnográfico. Área de Chamizal.

TAMAULIPAS

Museo de la Cultura Huasteca.
Tecnológico. Av. 1o. de Mayo S/N.
Ocampo. Museo Rufino Martínez.
Artístico.
Río Bravo. Casa de la Cultura.
Cultural. Eventos artísticos.

SINALOA

Culiacán. Museo Particular.
Arqueológico y de objetos sinaloenses. Calle Benito Juárez No. 32 Poniente.
Museo Regional de Antropología e Historia.
En el Centro Cívico Constitucional Calle Rafael Bueno S/N.

COAHUILA

Monclova. Museo Biblioteca «Pape».
Artístico regional. Boulevard Harold R. Pape No. 505 Sur. Privado.
Parras de la Fuente. Casa de la Cultura.
Actividades artísticas. Domicilio conocido. INBA.
Piedras Negras. Casa de la Cultura.
Actividades culturales. Av. López Mateos 300. INBA.
Saltillo. Casa de la Cultura.
Actividades artísticas. Calle Humberto Hinojosa S/N. INBA.

NUEVO LEÓN

Garza García. Centro de Artes y oficios populares.
Artesanías y cultura popular. Libertad 118.
Monterrey. Museo de Monterrey.
Artístico, privado. Universidad No. 2202 Norte. Antiguo Edificio de la cervecería Cuauhtémoc.
Museo Regional de Nuevo León.
Histórico regional, INAH, calle Obispo S/N Cerro del Obispado.

SAN LUIS POTOSÍ

Casa de la Cultura.
Museo Arqueológico, Artesanal, Colección de documentos de la región. Venustiano Carranza No. 1815.

Museo Nacional de Máscaras.
Colección de Máscaras de la República Mexicana. Villerias No. 2.

Museo Regional de Arte Popular.
Artesanías de la región y nacionales. Jardín Guerrero No. 6.

Museo Regional de Artesanías.
Jardines San Francisco y Universidad.

Museo Regional Potosino.
Arqueológico Galeana No. 450.

Ciudad Valles. Museo El Huasteco.
Colección de Arte Prehispánico de la Región.

DURANGO

Museo de Antropología e Historia.
Histórico, Universidad Juárez. Calle Victoria No. 100 Sur.
Cañón de las cabras.
Pinturas rupestres.
Goméz Palacio. Casa de la Cultura y Museo de Arte Moderno. INBA.
Calle Lisboa y Londres. Col. Campestre.

NAYARIT

Compostela. Museo local de Compostela.
Histórico Regional, INAH. Dom. Conocido.
Tepic. Museo Regional de Antropología e Historia.
Histórico Regional, INAH. Av. México Norte No. 91.

COLIMA

Casa de la Cultura.
INBA. Calzada Galván y Ejército Nacional.
Museo de las Culturas de Occidente.
INAH, Arqueológico, Regional. Calzada Galván esq. Ejército Nacional.
Museo Nacional de la Danza, Máscara y Arte Popular de Occidente.
PNAIP, INI. Universidad de Colima, Artesanías y cultura popular. Calle M. Gallardo y 27 de septiembre.
Museo Regional de Colima.
Av. Juárez.

ZACATECAS

Guadalupe. Museo Regional de Guadalupe.
Arte Religioso, regional, Ex-Convento de Guadalupe. Jardín Juárez S/N.
Museo Francisco Goitia.
Artístico local, calle Enrique Estrada No. 202 a cargo del INBA.
Museo Pedro Coronel.
Artístico local. Ex-Convento de San Luis Gonzaga. Plaza Santo Domingo S/N a cargo del INBA.

AGUASCALIENTES

Casa de la Cultura.
Venustiano Carranza No. 101.
Museo Regional de Aguascalientes.
ICA. Calle Zaragoza No. 505.

Glosario

alfar taller de alfarería.
amate corteza de un árbol del género *Ficus*, tratada para conseguir una especie de papel usado ya desde época prehispánica.
apaxtle forma prehispánica de un recipiente de fondo plano.
árbol de la vida candelabro de barro en forma de árbol, cuyas hojas y flores enmarcan figuras de significado religioso.
aventador especie de abanico usado para avivar el fuego.
ayate red de fibra de ixtle o de algodón, usado por algunos grupos indígenas como capa o para cargar mercancías.
bastidor armazón de madera.
batea recipiente grande de madera usado para amasar o como lavadero.
bejuco planta trepadora leñosa.
bojón madera muy pesada, veteada, típica del sureste de México.
bolón nombre usado en Huitzilac, Mor., para los muebles de madera y alambrón.
butaque sillón con respaldo y brazos.
cambaya tela de algodón tejida en telar de pie, de amplio uso comercial.
cáñamo fibra textil del género *Cannabis*.
carnaza piel curtida más burda que el antílope.
ceñidor faja cuyo ancho varía según los diferentes grupos indígenas.
cera perdida técnica prehispánica para trabajar los metales.
colote canasto elaborado con carrizo, de forma cónica.
copalero recipiente para quemar copal o incienso.
cotón; cotorina saco masculino sin mangas.
coyuche variedad de algodón de color café.
chorreado pintura dejada escurrir sobre una superficie de otro color.
chuspata variedad de tule.
enebro árbol del género *Juniperus*.
enredo ancha tira de tela sin costura, que las mujeres indígenas usan como falda.
equipal asiento con respaldo y brazos, de origen prehispánico.
falsa filigrana decoración de la joyería prehispánica, que recuerda la filigrana europea.
gabán abrigo corto.
glifo signos esculpidos.
grabado de pepita tipo de esmerilado del vidrio.
granadillo árbol de madera dura y veta vistosa.
guano o huano palma característica del sur de México.
henequén fibra obtenida de un tipo de agave característico de Yucatán.
huacalillo madera de color amarillento usada para muebles.
huaraches sandalias, generalmente de cuero, usadas por los indígenas.
huasima o guásima árbol de zonas tropicales. La corteza se utiliza en cestería y su madera es blanda y flexible.
huichol grupo indígena asentado en los estados de Jalisco, Nayarit, Zacatecas, San Luis Potosí y Durango.
huipil típico vestido recto y sin mangas usado por las mujeres indígenas.
ikat o macramé anudado en prendas que tienen fleco, se le conoce también como macramé.
ixtle fibra de maguey y otras plantas.
jáquima capote de palma usado para protegerse de la lluvia.
jícara recipiente redondo hecho de madera o de frutas.
jipi-japa palma de zonas tropicales de fibras delgadas.
jonote árbol de cuya corteza se obtienen fibras para cordelería.
jorongo prenda masculina de lana, larga y suelta sin mangas, con una abertura por la cabeza.
linaloé árbol de madera blanca y ligera que produce un aceite aromático.
madera estofada técnica de origen español, de recubrimiento de las tallas de madera: usada especialmente para las imágenes religiosas doradas y policromadas.
malacatl peso que se pone al final del huso para torcer el hilo.
maquique raíz de un helecho silvestre característico de México.
mezquite árbol de madera dura, pesada y resistente, típico de zonas áridas.
morral bolso de forma cuadrada o rectangular, que se usa colgado del hombro.
mudéjar estilo arquitectónico de origen árabe que se introdujo en España desde el siglo VII.
ojo de Dios símbolo religioso en forma de cruz venerado por los indios huicholes; está hecho de estambres de colores.
otate gramínea de tallo leñoso.
palmerines adornos de hojalata en forma de floreros.
palo fierro árbol de la familia leguminosa, de madera muy dura de color café oscuro.
papel picado papel muy delgado, en el cual se recortan con cincel motivos alusivos.
panicua nombre con el cual los indígenas tarascos designan una especie de trigo que crece en la región.
pastillaje técnica decorativa de la alfarería a base de pequeñas aplicaciones de barro que forman el diseño.
pochote árbol de zonas tropicales de madera blanda y con espinas muy grandes.
popote tallo delgado de las familias de las gramíneas.
quechquémitl prenda femenina triangular que las indígenas llevan sobre la blusa.
rebozo larga tira de lana, algodón, seda o artisela, rematada con flecos anudados, que las mujeres indígenas usan para cubrirse la cabeza y los hombros.
sarape tipo de cobija de lana gruesa tejida en telar de pie.
sotol planta que produce fibras y que crece en el norte de la república.
soutache cinta artisela que se emplea para decorar prendas.
soyate planta que produce fibras y que crece en el norte.
tablas huicholas cuadros hechos de estambres pegados con cera de Campeche, con representación de significado mágico-religoso.
taraceado madera con incrustaciones.
tehuas sandalias de piel de venado o de cabretilla.
telar de troncos telar horizontal posado sobre troncos bajos, usado por los indígenas norteños.
teponaxtle tambor de madera horizontal de origen prehispánico.
tinte de caracol tinte color magenta que se obtiene de caracoles marinos.
tlacoyal grande tocado femenino hecho de estambres de lana.
torote arbolillo resinoso de la familia de las burseráceas; de madera blanca, amarilla o roja según la variedad.
tripilla trenza muy delgada de fibra vegetal.
vaqueta cuero de bovinos curtidos.
velas escamadas técnica que se emplea para hacer velas decoradas con flores de cera y papelillos de estaño.
zapupe fibra vegetal obtenida de un tipo de agave.

Índice general

IMPRESO Y HECHO EN MÉXICO
PRINTED AND MADE IN MEXICO
IMPRESO EN LOS TALLERES DE
IMPRESORA Y EDITORA MEXICANA, S.A.
SAN MATEO TECOLOAPAN ESTADO DE MÉXICO
EDICIÓN DE 25,000 EJEMPLARES
Y SOBRANTES PARA REPOSICIÓN
30-IV-87